THÈSE

POUR LE

DOCTORAT

SOUTENUE PAR

François-Jules DIETZ

Né à Mâcon (Saône-et-Loire) le 3 novembre 1847

LICENCIÉ ÈS-LETTRES

AVOCAT A LA COUR IMPÉRIALE DE PARIS

PARIS

ANCIENNE MAISON GUSTAVE RETAUX

PICHON-LAMY ET DEWEZ, LIBRAIRES-ÉDITEURS

15, RUE CUJAS, 15

1869

THÈSE POUR LE DOCTORAT

THÈSE

POUR LE

DOCTORAT

PAR

François-Jules DIETZ

LICENCIÉ ÈS-LETTRES

AVOCAT A LA COUR IMPÉRIALE DE PARIS

PARIS

ANCIENNE MAISON G. RETAUX

PICHON-LAMY ET DEWEZ, LIBRAIRES-ÉDITEURS

15, RUE CUJAS, 15

—

1869

DROIT ROMAIN

—

DES ARGENTARII

—

I. — Leur négoce et leur organisation.

Athènes a eu ses banquiers; Rome a eu les siens. Partout où le commerce a pris une grande extension, il était naturel qu'il s'établît des marchands d'argent, comme il y avait des marchands de toutes les autres denrées. Comme d'autre part l'argent est une denrée qui diffère des autres, il était naturel aussi que le trafic de la monnaie fût soumis à des règles toutes spéciales, et que le droit imposât aux banquiers certaines obligations particulières, en même temps qu'il les investissait de certaines prérogatives. Le but de ce travail est d'étudier ces charges et ces prérogatives.

L'antiquité ne connaissait pas encore cette savante division du travail social que nous avons introduite dans nos mœurs. Elle n'avait pas appris à distinguer entre elles des opérations qui chez nous sont remises en des mains diverses. Les banquiers d'Athènes comme ceux de Rome étaient à la fois dépositaires de valeurs, prêteurs d'argent, changeurs, commissaires-priseurs, et notaires. De nombreux passages d'écrivains grecs nous attestent cette singulière multiplicité d'occupations. Ainsi nous voyons, dans un des plus curieux discours d'Isocrate, qu'un banquier, Pasion, avait prêté son concours à l'un de ses jeunes clients, pour éluder par une dette feinte, les réclamations d'un créancier sérieux. (1). Démosthène nous dit quelque part que son père avait placé chez des banquiers la plus grande partie de ses capitaux. (2). Il nous apprend ailleurs qu'on avait l'habitude de sceller ou d'ouvrir en présence des Trapézites les contrats auxquels on voulait donner une certaine solennité (3). Enfin nous savons, par un troisième plaidoyer du même orateur, que les banquiers prêtaient sur gages (4). Personne ne sera surpris d'apprendre, ces détails étant donnés, que les banquiers d'Athènes avaient en même temps une très-grande influence et une très mauvaise réputation.

(1) Isocrate, discours *Trapézitique*.
(2) Démosth. C. Phorm. p. 948.
(3) Démosth. C. Dyonisod. p. 1287.
(4) Démosth. C. Nicostrate.

Nous les retrouvons à Rome dès le temps de Plaute, et tous les auteurs latins nous en parlent. Là aussi, ils font des opérations très-nombreuses, dont nous essaierons un peu plus loin de présenter l'analyse. Il est assez probable que les premiers *argentarii* furent des Grecs, venus à Rome pour y chercher fortune, ou transportés par la conquête et affranchis. Ils recevaient en dépôt et faisaient valoir l'argent des particuliers; s'arrangeant toujours, nous dit le comique, pour que le compte se soldât contre le client (1). Quelquefois ils prenaient la fuite, emportant les valeurs déposées chez eux (2). Il y a sans doute quelque exagération dans les railleries de Plaute : si les banquiers avaient été presque tous des fripons ou des escrocs, leur industrie ne se serait pas développée, comme elle l'a fait, parmi les romains, peuple sérieux, pratique, peu spéculateur, et très-attentif aux affaires d'argent. Dès le second siècle avant Jésus-Christ, les *argentarii* étaient devenus une puissance. Toutes les grandes affaires se faisaient par eux. Ils occupaient, sur les côtés du Forum, une série de boutiques (*tabernæ*), qui leur étaient louées par l'État, et dont le sol restait propriété publique. (L. 32, Dig. *De contrahenda*

(1) Ubi disputata est ratio cum argentario,
Etiam plus ipsus ultro debet argentario.
Aulalaria, Act. III. Scène 6.
(2) Ubi quid credideris, citius extemplo a foro
Fugiunt, quam ex porta ludis cum emissus't, lepus.
Persa Acte III.

emptione 18. 1.) Cicéron nous parle en plusieurs endroits de leur métier comme d'une profession assez considérée (1). Mais nous voyons d'autre part que Cassius de Parme, pour injurier Octave, l'appelait « *nummularii nepotem* ». Les banquiers conservèrent toute leur importance sous les empereurs : mais ils furent, comme tous les autres commerçants, enrégimentés en corps de métier. Il y eut un *collegium argentariorum*, présidé par un *decanus*, jouissant de certains priviléges, et chargé souvent d'alimenter par des prêts le trésor impérial La corporation était placée sous la surintendance du *Præfectus Urbi*. Il paraît assez probable, sans être complètement certain, qu'elle se recrutait par la nomination impériale. Un texte de Gaïus (L. 10, pr. Dig. *de Edendo.* 2. 13) semble indiquer que les fonctions d'*argentarius* étaient jusqu'à un certain point des fonctions publiques. « *Officium corum atque ministerium publicam habet causam* ». On nous dit ailleurs (L. 12. *de Edendo.* Dig. 2. 13) que les femmes étaient écartées de ces fonctions. Cela nous porte à croire qu'il fallait pour exercer *l'argentaria*, une autorisation administrative.

Les *argentarii* faisaient beaucoup d'opérations diverses. Nous allons indiquer rapidement les principales.

I. Ils pratiquaient le change des monnaies proprement

___
(1) V. notamment Cic. pr. Cæcina, 4
V. aussi Aurelius Victor, 70.

dit : c'est-à-dire qu'ils donnaient, soit de l'argent étranger pour de l'argent romain, soit de l'argent romain pour de l'argent étranger. C'est ce qu'on appelait *collybus* (*V. Sigonius, de antiquo jure civium Romanorum.* Liv. II. chap. xi). Quelquefois aussi ils échangeaient les grosses pièces contre la monnaie divisionnaire, ou réciproquement. Quant au change tel que nous l'entendons surtout aujourd'hui, et dont la lettre de change est l'instrument le plus parfait, les romains ne l'ont pas connu. Nous trouvons bien dans la correspondance de Cicéron quelques passages où il est question d'une *permutatio* (1): mais il n'y a là qu'une sorte de germe du contrat de change, et en tous cas les *argentarii* n'y prenaient aucune part.

II. Ils recevaient des dépôts, soit réguliers, soit irréguliers. Dans le premier cas, ils devaient conserver en nature les objets déposés, et par conséquent on ne s'adressait à eux que parce que leur caisse était plus sûre que l'*arca* des particuliers. Dans le second cas, ils pouvaient disposer des valeurs, et alors ils servaient généralement un intérêt au déposant. Le particulier qui avait un compte ouvert chez un *argentarius* se servait de son banquier pour effectuer ses paiements. Pour cela il se transportait au *forum* avec son créancier, et la libération

(1) Cic. ad Atticum Liv. V lett. 15. Liv. II, lett. 1 et 24. Liv. XV. lett. 15. Ad Famll. Liv. II lett 17 — liv. III, lett. 5. Ad Quint. Frat. liv. I lett. 3 V. sur ce point Pothier, du contrat de change, n° 6.

s'opérait par la remise directe des espèces. Quelquefois même il se contentait de donner à son créancier un mandat écrit, tiré sur l'*argentarius*. C'était un véritable chèque : on l'appelait *perscriptio*. D'autres fois encore l'argent n'était pas immédiatement payé : mais le banquier s'engageait à payer tel ou tel jour le créancier de son client (*recipiebat se soluturum*). On voit par là combien l'intervention de ces agents facilitait les transactions privées.

III. Ils employaient, soit leurs propres valeurs, soit celles qui leur provenaient de dépôts irréguliers, à faire des prêts. Les emprunteurs s'adressaient à eux de préférence à cause de leur qualité d'officiers publics, et parce que leur grande expérience les empêchait de se tromper sur le titre des pièces qu'ils prêtaient (Cujas. Observ. Liv. X. Chap. xiv). Ils faisaient payer ces avantages en exigeant un intérêt élevé, dont les empereurs ont fini par régler législativement le taux.

IV. Ils étaient chargés souvent des ventes publiques. Les enchères se suivaient devant eux, et ils touchaient les prix, dont ils tenaient compte ensuite aux vendeurs. Ils étaient assistés dans cette besogne par des employés subalternes, qu'on appelait *argentarii coactores* ou tout simplement *coactores*. Le père du poëte Horace exerçait, paraît-il, cette profession peu considérée. En général, c'étaient des esclaves du banquier qui jouaient auprès de lui le rôle de *coactores*, et chacun d'eux tenait alors son compte particulier, où il portait les sommes qu'il avait touchées, et qui était apuré quand l'esclave avait fait rentrer tous les fonds dont il était chargé de procurer le paiement. Ceci résulte de la loi 40, § 8, Dig. *De statu liberis* (40. 7). Nous y voyons un *argentarius coactor* qui lègue la liberté à un de ses esclaves, employé comme *actor*, s'il s'est mis au pair (*si paria fecerit*) dans un délai donné.

Ce qui donne lieu à quelques embarras, c'est que l'on trouve dans les auteurs latins des expressions diverses pour désigner les banquiers. Tantôt on nous parle d'*argentarii*, tantôt de *mensarii*, tantôt de *mensularii*, tantôt de *nummularii*. Chacun de ces mots a-t-il un sens à part et désigne-t-il une fonction spéciale ?

Il y a un point qui est certain ; c'est que l'on créait, dans certains moments de crise financière, des magistrats extraordinaires, qui se nommaient, suivant leur nombre, *quinqueviri* ou *triumviri mensarii*. Tite-Live raconte à plusieurs reprises qu'on recourut sous la République, à cette mesure provisoire. (Liv. VII, n° 21, — Liv. XL, n° 51). Les pouvoirs de ces *mensarii* finissaient avec les circonstances qui avaient nécessité leur création. On choisissait pour cette mission les hommes les plus estimés de leurs concitoyens. Ils étaient investis d'un véritable pouvoir public. Il est donc impossible de les confondre avec les commerçants dont nous nous occupons ici.

Ceci mis à part, nous retombons dans l'incertitude, et

chacun des érudits qui se sont occupés de la matière à émis un avis différent. D'après Saumaise (*De usuris*), *argentarii, nummularii, mensularii,* désignent une seule et même classe de personnes. Ce sont des termes qu'on prend l'un pour l'autre. C'est bien l'explication la plus simple. Mais elle vient se heurter contre une puissante objection. Après avoir parlé des *argentarii,* et expliqué l'obligation où ils sont de rendre leurs comptes, Paul ajoute, dans la loi 9, § 2 au Digeste, *De Edendo,* (2-13) : « *Nummularios quoque non esse iniquum cogi rationes edere, Pomponius scribit*». Il est impossible de soutenir, en présence de ce texte, que le nom de *nummularii* et le nom d'*argentarii* se sont appliqués aux mêmes personnes. Saumaise répond à l'objection en disant que la loi 9 parle, non pas de *nummularii,* mais des *coactores,* qui étaient les commis des banquiers; hypothèse toute gratuite, et que rien ne justifie. — D'après Faber, le terme d'*argentarius* correspond à notre mot de banquier, et celui de *nummularius* à notre mot de changeur. Mais les anciens n'ont jamais distingué ces opérations, et le texte même da la loi 9 montre que les *nummularii* faisaient absolument le même négoce que les *argentarii.* Il faut faire la même réponse à la conjecture de *Sigonius,* qui dit: «*mensarios publicam ratiotionem confecisse, argentarios privatam*». Il ne s'agit pas ici de ces *mensarii* que la république nommait dans des besoins pressants, mais des *mensarii* ordinaires, qui s'occupaient, tout aussi bien que les *argentarii* et les *nummularii*, des affaires des particuliers. L'explication la plus probable est celle-ci : il y avait des banquiers en titre, qui formaient une corporation, qui étaient agréés par l'autorité, et que l'autorité surveillait : c'étaient les *argentarii*. Leur fonction avait jusqu'à un certain point un caractère public, comme le dit Gaïus dans la loi 10 *De edendo*. A côté d'eux se trouvaient des traficants appelés *nummularii* ou *mensarii*, qui n'avaient point d'organisation corporative, et qui par conséquent offraient au public moins de garanties que les *argentarii*, mais qui faisaient les mêmes opérations (V. *Lauterbach. Dissert.* 129 n° 33). De toutes les conjectures, celle-ci paraît être la plus raisonnable ; elle rend du moins compte de la loi 9 § 2. Nous la proposons, sans l'affirmer avec trop de certitude.

Quelques passage du Digeste et du Code révèlent l'existence de sociétés ayant pour objet spécial l'exercice de l'argentaria, c'est-à-dire de la banque. L'exposé de l'organisation de la banque romaine ne serait pas complet si l'on ne disait quelques mots de ces sociétés.

Quand deux ou plusieurs personnes se réunissaient pour faire la banque, elles ne mettaient pas tous leurs biens en commun, et elles ne faisaient pas entrer dans le fonds social tous les gains qu'elles pourraient réaliser. La société ne comprenait que les profits résultant de l'argentaria, *ex argentariæ causa*, comme dit Ulpien (L. 52, § 5, Dig. *pro socio*, 17, 2.) Il n'y a rien là qui soit contraire aux principes ordinaires du droit. Aussi le Digeste ne nous parle-t il qu'en cet endroit là de la *societas argentariorum*. Ce n'est pas l'avis de Savigny, qui attribue aux associations de banque un autre caractère, très-important, et exorbitant du droit commun. D'après l'illustre jurisconsulte (*des Obligations*, § 17), la coutume avait fait admettre que tout membre de la société répondrait à lui seul de la totalité de la dette portée sur les registres, et qu'en revanche tout associé pourrait réclamer à lui seul la totalité d'une créance sociale. Il y aurait donc eu là une sorte de solidarité légale, en dehors de la convention des parties, et souvent même en dehors de la connaissance des tiers qui traitaient avec l'établissement. On appuie cela sur un passage de Cicéron (*ad Herenn.* II, 13), et sur la loi 27, princ. au Digeste. (*De Pactis*, 2, 14.) Mais, outre que le passage de Cicéron est assez ancien, il est très-court et ne donne aucun détail sur la situation juridique à laquelle il s'applique. Parle-t-il d'une simple société de banque, comme nous l'a montrée la loi 52 *pro socio*, ou d'une société *omnium bonorum*? Nous n'en savons rien. La loi 27 *de pactis* n'est pas plus explicite. La conciliation de ce texte avec la loi 31 § 1, *de novationibus*, a donné lieu à des controverses dont le détail serait étranger à notre sujet. Mais même à ne le prendre que dans la partie qui concerne les *argentarii*, il ne prouve pas le moins du monde que la société de banque ait eu les effets que Savigny veut lui faire produire. Un des *argentarii socii* a fait avec le débiteur le pacte de *non petendo*. On se demande si ce pacte peut être opposé à l'autre *argentarius*, et Paul répond, d'accord avec d'autres jurisconsultes, que, même fait *in rem*, le pacte ne peut être opposé qu'au banquier qui l'a fait. On explique pourquoi : puis le texte se termine par ces mots: « il faut en dire autant de deux *rei stipulandi*». Sans doute il s'agit dans ce texte de deux banquiers associés, mais rien ne montre que dans l'espèce la corréalité active ne soit pas résultée de l'*expensilatio*. Deux *argentarii*, qui ne sont pas d'ordinaire associés, conviennent de se réunir pour faire une opération en commun, un prêt par exemple ; tous deux portent l'emprunteur sur leurs registres pour une seule et même créance. Ils sont donc créanciers solidaires en vertu de l'*expensilatio*, tout comme ils pourraient l'être en vertu de la *stipulatio*. Nous trouvons dans plusieurs textes des exemples de cette sorte d'opérations. Les banquiers se servaient du contrat *litteris* beaucoup plus que de la stipulation, et ce fut même chez eux que se conserva ce genre de contrat, lorsque l'usage en eût disparu chez les autres citoyens. Nous voyons dans la loi 9, princ. *de pactis*, que l'on assimile aux *rei stipulandi* les « *plures argentarii, quorum nomina simul facta sunt* », et ailleurs, que l'on assimile aux *rei credendi* les « *duo argentarii, quorum nomina simul eunt* » (L. 34, *princ. de Receptis*, 4, 8.) Tout cela revient à dire qu'un véritable rapport de corréalité pouvait s'établir, soit par l'échange de paroles qu'on appelait *stipulatio*, soit par les mentions écrites qu'on appelait *expensilatio*, mais que ce dernier mode de contracter était, en fait réservé aux *argentarii*.

Revenons maintenant à la loi 27 *de pactis*. Il est à peu près évident qu'elle parle de deux *argentarii* « *quorum nomina simul facta sunt* », c'est à-dire qui sont *correi* en vertu de l'*expensilatio*. Ils sont associés, le texte le dit. Mais il ne dit nulle part que l'effet spécial qu'il signale résulte du rapport de société, et on peut admettre en tout cas que ce rapport de société doit se traduire sous la forme d'une double *expensilatio* pour avoir une force juridique. Si donc Titius et Mœvius sont associés pour faire la banque, et que les registres de Titius portent: *expensum Seio certum*, tandis que les registres de Mœvius ne portent rien; nous ne croyons pas que Mœvius puisse demander tout à Séius, et nous pensons que le pacte de *non petendo* fait entre Titius et Séius, libèrera le débiteur, autant du moins qu'un pacte peut libérer. Si au contraire les livres de Mœvius portent aussi la mention, nous serons dans l'hypothèse de la loi 26 : nous aurons une véritable corréalité : la société des deux banquiers existera pour les tiers.

La solution contraire offrirait le plus grand danger pour les intérêts privés. Supposons que Mœvius, l'associé, sans avoir rien mentionné sur ses registres, puisse poursuivre le débiteur qui ne le connaît pas, qui n'a jamais eu à traiter avec lui, qui ne se doute même pas de son existence. C'est bien la solution qu'admet M. de Savigny (*Des obligations*, page 172, tome I). Il en résulte que le débiteur, qui croit n'avoir qu'un créancier, et qui à fait avec lui un pacte *de non petendo*, peut trouver devant lui le lendemain un autre créancier, associé du premier, non lié par le pacte, et qui réclamera le paiement. Si l'on nous objectait que le danger dont nous parlons est imaginaire, parce que le contrat *litteris* ne peut se former que par la double mention sur le registre du créancier et sur celui du débiteur, et que par conséquent celui-ci ne pourra être actionné que s'il a porté sur son livre : *acceptum a Titio et a Mævio certum*, nous répondrons que d'abord cette nécessité de la double mention est contestée: qu'ensuite si l'on admet que le contrat *litteris* fait avec les deux associés est indispensable pour que la créance corréale des *argentarii* puisse naître, on nous accorde précisément ce que nous demandons. Nous cherchons à prouver que la corréalité résulte du contrat, et non de la simple société des banquiers.

Enfin, si l'association d'*argentarii* avait eu en droit romain cet effet singulier d'être une source légale d'obligations ou de créances solidaires, le Digeste nous l'aurait dit quelque part. Il prend le soin de nous indiquer en quoi la société *vectigalium* diffère des sociétés ordinaires (L. 59, *pro socio*). Il en aurait fait autant pour la société de banquiers, si elle avait eu en réalité quelque chose de spécial.

Nous concluons de ce qui précède qu'il n'est en aucune façon nécessaire, pour expliquer les premiers mots de la loi 27 *de pactis*, de recourir à l'hypothèse d'une société d'*argentarii* produisant, en vertu de l'usage, des effets tout à fait analogues à ceux de la corréalité. La situation dont parle la loi 27 dérive véritablement de la corréalité. Il y a eu double inscription. Chacun des associés a porté sur son registre la mention de l'expension. C'est à cette condition seulement que la société d'*argentarii* produit deux créanciers ou deux débiteurs pour une seule dette.

II. — Avantages accordés aux argentarii.

§ I. — Justinien défendit à tous les individus « *qui ergasterio præsunt* » d'acquérir les chárges ou offices qu'on appelait « *militiæ venales* », et qui, malgré leur nom, n'étaient pas toujours des emplois militaires (L. unic. Cod. *negotiat. ne militent*, 12, 35). Il fit cependant une exception à cette défense en faveur des marchands d'argents (*argenti distractores*). Le Code permet à ceux-ci d'acheter des charges, non pas toutes, mais celles qui n'entraînent pas un service armé. La loi 27, au Code de Justinien (*de pignoribus et hypothecis*, 8, 14) se rattache à cette matière. Elle crée une sorte de présomp-

tion légale: voici dans quelles circonstances. Un banquier
a reçu de l'argent en dépôt ou l'a emprunté : puis il
achète une charge à un de ses proches parents. Le législateur présume que l'achat a été fait avec les sommes
déposées ou prêtées, et permet en conséquence au prêteur
ou au déposant de s'adresser directement au titulaire de
la charge. Celui-ci peut d'ailleurs combattre la présomption par la preuve contraire. Les banquiers réclamèrent
contre cette constitution. Ils demandèrent, ou bien que
cette présomption fût supprimée, ou bien qu'elle existât
aussi réciproquement à leur profit, pour le cas où un
individu, après leur avoir emprunté de l'argent, achète-
rait une charge pour lui-même ou pour ses parents.
Justinien fait droit à ces plaintes dans la Novelle 136
(chap. II). Si donc un banquier prête de l'argent à un
particulier, et que celui-ci achète ensuite une charge
pour lui ou pour un de ses proches, on présume que l'achat
a été effectué avec les fonds empruntés, et le porteur peut
s'adresser pour son paiement au titulaire de la charge.
Mais l'Empereur ajoute que les membres de collége des
argentarii pourront seuls invoquer le bénéfice de la
Novelle ; il exclut ainsi tous ceux qui font le commerce
d'argent sans appartenir à la corporation légalement
constituée.

§ II. — Il était naturel que les banquiers retirassent
des intérêts des avances qu'ils faisaient aux particulie's.
Mais comment convenir de ces intérêts ? Ceci présentait

quelque embarras. Ils ne couraient pas de plein droit, puisque la loi ne l'avait dit nulle part. Un pacte ne suffisait pas pour les faire courir, parce qu'un pacte ajouté à un contrat de droit strict comme le *mutuum* ou l'*expensilatio* ne pouvait ajouter quelque chose à l'obligation. Convenir des intérêts au moyen de l'*expensilatio*, c'était impossible à raison de la nature même du contrat *litteris*, qui ne pouvait s'appliquer qu'à une dette échue et exigible de somme d'argent ou d'objets analogues. Recourir à la stipulation n'était pas dans les habitudes de la banque. Aussi arrivait-il souvent que les *argentarii* prêtaient par *mutuum*, sans constater par écrit, soit le prêt lui-même, soit les intérêts dont on était convenu. L'emprunteur refusait ensuite de payer les intérêts, et on n'avait aucun moyen légal de l'y contraindre. La corporation s'adressa à Justinien pour lui demander une réforme, et elle l'obtint. Justinien venait précisément de fixer par sa fameuse loi *Eos* (26 *Cod. De Usuris*, 4, 32) le maximum du taux de l'intérêt. Il l'avait établi pour tous les commerçants à 8 0/0 *(bes centesimæ usuræ)*. La Novelle 136 décide que ce taux deviendra le taux ordinaire et sous-entendu des prêts faits par les banquiers, sans qu'il soit besoin entre les parties d'une convention écrite à cet égard. (Novelle 136, chap. iv).

§ III. — La même Novelle 136 confère aux *argentarii* d'autres avantages très-importants que nous allons énumérer.

La Novelle 4 avait établi, au profit de ceux qui garantissaient le paiement d'une dette, le bénéfice de discussion, c'est-à-dire le droit d'exiger que le débiteur principal fût d'abord poursuivi. Mais elle faisait une réserve dans son chap. III, § 1, par ces mots « *constitutis argentariorum in eo, qui nunc est, ordine manentibus* » Les *argentarii* restaient donc en dehors de la réforme. Quand ils avaient fait le pacte de constitut pour une dette, ils pouvaient être poursuivis avant le débiteur principal. Justinien parle du constitut, et non de la *receptio*, parce que, comme nous l'allons voir tout à l'heure, il avait supprimé toute différence entre ces deux formes d'engagement. La Novelle 4, avec cette restriction, créait au collége des banquiers une situation désagréable. Avaient-ils un débiteur dont l'obligation était cautionnée? Il leur fallait s'attaquer d'abord au débiteur. Avaient-ils au contraire cautionné une dette d'un tiers ? Le créancier pouvait les poursuivre avant le débiteur principal. Ils se plaignirent de ce défaut de symétrie. La Novelle 136 (Princ. et chap. I) remédia au mal, en permettant aux banquiers de convenir, par un simple pacte, qu'ils pourraient s'adresser indifféremment, et sans suivre l'ordre de la Novelle 4, au débiteur principal et aux cautions. Mais, à défaut de convention spéciale, le bénéfice de discussion gardait son efficacité, et l'*argentarius* qui n'avait pas pris ses précautions était soumis à la règle commune.

§ IV. — Un banquier prête de l'argent à un de ses clients, qui l'emploie à l'achat d'un objet quelconque. La Novelle 136 (chap. III) décide que le prêteur aura un droit de préférence sur la chose ainsi achetée, pourvu qu'il se soit réservé ce droit dans un acte écrit constatant le prêt. S'il a négligé cette précaution, son privilége n'existe pas. Mais, même à défaut d'écrit, il aura un véritable privilége dans l'hypothèse suivante : il a donné à l'emprunteur des corps certains, de l'argenterie par exemple, que l'emprunteur devait vendre pour garder le prix à titre de prêt. S'il n'a pas été remboursé, il peut revendiquer ce qu'il a ainsi fourni, et il le peut, sans qu'aucun acte ait été dressé entre les parties.

§ V. — Enfin la Novelle 136 refuse au débiteur de l'argentarius, pour les cas du moins où il a donné sa signature, le secours de *l'exceptio non numeratæ pecuniæ*. On sait qu'en opposant simplement cette exception, sans l'appuyer par une preuve, le débiteur faisait présumer qu'il n'avait pas reçu les écus et contraignait le créancier à prouver que la remise avait été réellement faite. Peut-être cet effet exorbitant de l'exception était-il plus nécessaire encore vis-à-vis des argentarii, dont la réputation n'était pas excellente, qu'il ne l'était en général. C'est du moins l'opinion, peu flatteuse pour la corporation des banquiers, que M. Pilette a exprimée dans la Revue Historique (T. VII, *article sur la compensation*). Quoiqu'il en soit, Justinien supprime dans le cas qui nous occupe l'effet de l'exception, et décide que l'emprunteur contre lequel l'argentarius produira un titre devra montrer, pour faire tomber cette preuve, que les écus ne lui ont pas été comptés. Tout ce qu'il pourra faire sera de déférer le serment sur les causes du prêt au prêteur ou à ses héritiers: encore ne le pourra-t-il que pendant cinq ans, délai ordinaire de l'exception *non numeratæ pecuniæ* (Chap. vi de la Novelle).

III. — Règles établies dans l'intérêt des particuliers.

§ I. — *Edilio rationum* — Tout citoyen romain avait une comptabilité régulière, qu'il tenait sur un livre appelé Codex. Il y mentio nait par ordre toutes ses affaires. De nombreux passages des auteurs latins nous montrent que cet usage était universellement répandu, et l'on sait que les registres de comptes fournissaient aux Romains, par le mécanisme de l'expensilatio, un moyen, non pas seulement de prouver, mais même de former des obligations.

Si les codices étaient utiles à tous les particuliers, ils étaient véritablement indispensables pour les *argentarii*, dont les opérations étaient si compliquées et les relations si étendues. Un banquier devait pouvoir connaître à tout moment où il en était avec chacun de ses clients, combien il pouvait avancer encore, ou s'il y avait urgence d'exercer des poursuites. La loi 47 § 1 Dig. *de Pactis* (2. 14) nous donne une des formules par lesquelles le banquier envoyait au client, à certaines époques, la balance de son compte: « *Ex ratione mensæ quam mecun habuisti in hunc diem, ex contractibus plurimis remanserunt apud me ad mensam meam trecenta octoginta sex* » et l'argentarius envoyait son billet (*chirographum*) pour ce reliquat. Tout cela ne pouvait se faire qu'en ouvrant sur le Codex une page au nom de chaque client: cette page avait deux colonnes: on portait dans l'une tout ce qui était fourni par le banquier: c'était le débit du compte: une valeur de cent, par exemple, versée au client Titius, était indiquée par les mots: *expensum Titio centum*; et une valeur de cent versée par Titius se traduisait, à la page opposée, par les mots: *acceptum a Titio centum*. Chacun de ces comptes (*rationes*) portait en tête le jour et l'année désignée par le nom du Consul) où il avait été ouvert. Si cette indication ne se trouvait pas en tête de chaque compte spécial, le banquier devait en délivrant l'extrait dont nous allons parler, y joindre la date portée sur la première page du registre (L 6, § 6, Dig. *De edendo* 2. 13).

Quand le banquier réclamait le solde du compte, ou quand le client le réclamait, si la balance était en sa faveur, il était naturel que le registre de l'*argentarius* fût produit en justice. Tantôt c'était la mention même qui avait créé l'obligation, comme dans l'*expensilatio*.

(V. Gaïus. *Comm*. III, § 128-131) : tantôt l'inscription sur le registre avait simplement servi à constater la dette, comme l'*arcarium nomen,* dont parle Gaïus *(Comm*. III, § 131). Nous n'avons pas à rechercher ici ce qu'il faut entendre par *arcaria nomina* en général : si ce sont des mentions faites sur le codex, ou des billets isolés. Il est bien certain, en ce qui concerne l'*argentarius*, que, quand même une obligation ne s'était pas formée par l'*expensilatio*, mais par la vente ou le *mutuum,* elle était portée sur les registres de la banque et entrait dans le compte. Le bon sens l'indiquerait suffisamment : mais nous avons un texte qui confirme sur ce point les données du bon sens. C'est le § 3, de la loi 6. *De edendo,* où Ulpien nous indique tout ce que doit comprendre la *ratio : dandi, accipiendi, credendi, obligandi, solvendi sui causa negotiationem* ; c'est-à-dire une grande quantité d'opérations qui n'ont rien de commun avec le contrat *litteris,* et qui embrassent presque tous les rapports pécuniaires du banquier et de son client.

Il y avait donc lieu, dans tous les procès où le client et le banquier étaient en présence, à la production du compte, comme de l'un des plus précieux éléments du débat, et il n'aurait pas été besoin d'un chef spécial de l'Édit Prétorien et d'un titre entier du Digeste pour régler cette production.

Mais le client avait vis-à-vis de l'*argentarius* un autre droit, qui avait été établi par le préteur, et dont les jurisconsultes s'étaient occupés. C'était ce qu'on appelait l'*editio rationum*. Quand j'avais un procès avec un tiers, je pouvais demander à mon *argentarius*, qui n'était pas intéressé dans l'affaire, la production de mon compte. Disposition très-juste, observe Ulpien, puisque le compte, dressé à cause de moi, peut être considéré en quelque sorte comme m'appartenant. (L. 4, § 1. *Dig. De edendo*).

Le banquier n'était pas obligé de produire tout son livre, et de révéler ainsi le secret de toutes ses relations. Il n'avait à montrer que le compte qui pouvait servir pour l'instruction du procès. (L. 10, § 2. *Eod. tit.*), Encore le réclamant devait-il jurer qu'il ne faisait pas sa demande par esprit de chicane (L. 6, § 2. *Eod. tit.*). En général, le préteur n'examinait pas si la demande de production était ou non justifiée par un intérêt sérieux : du moment qu'il s'agissait d'un particulier et d'un *argentarius*, l'*editio* pouvait être demandée. Il y avait pourtant deux cas où le préteur ne l'ordonnait que *causa cognita* : c'était d'abord l'hypothèse où la demande était adressée par un *argentarius* à un de ses confrères: chacun d'eux devant être muni d'une comptabilité bien en règle, il n'était pas utile que des communications obligatoires se fissent de l'un à l'autre. Aussi n'étaient-elles ordonnées que quand le banquier demandeur prouvait, ou que ses registres avaient été détruits par force majeure, ou qu'ils étaient fort éloignés, au dela des mers. (L. 6, § 9, *Eod. tit.*). La seconde hypothèse est celle où le client, après avoir obtenu une première communication de son compte, en demande une seconde. Il faut, pour qu'il l'obtienne, qu'il montre qu'il n'y a pas eu négligence ou faute de sa part dans la perte de la première.

Les héritiers du banquier, quoique n'exerçant pas la mêmeprofession que leur auteur, étaient tenus de la production, s'ils avaient les registresen leur possession. (L. 6, § 1 *Eod. tit.*). Il paraît cependant que la détention matérielle du codex ne suffisait pas tout à fait; il fallait aussi quele détenteur fût un successeur à titre universel, etque les obligationsde l'*argentarius* fûssent passées sur sa tête. Ainsi celui auquel le banquier avait légué ses livres ne pouvait êtretenude l'*editio*, (L. 9, § 1. *Hoc. tit.*). Il est bien certain que dans cette même hypothèse du legs, l'héritier ne pouvait être attaqué, n'ayant pas les livres en sa possession. Cependant, si le client avait signifié à l'héritier, avant la tradition faite au légataire, qu'il eût à ne pas se dessaisir des livres sans les avoir produits, et qu'il les livrât néanmoins, l'héritier devenait responsable « *quasi dolo fecerit* » (L. 9, § 1. *Eod. tit.*). Ce qui est plus curieux, c'est que, lorsqu'une pareille signification avait été faite, et que néanmoins l'héritier s'était de bonne foi dessaisi, le légataire pouvait être forcé à la production, « *causa cognita* ». La signification opérait donc sur les registres une sorte de main-mise, et assurait au demandeur, soit la responsabilité de l'héritier, soit la production effective faite par le légataire.

En cas de refus de communiquer, le préteur donnait contre le banquier une action *in factum*, qui ne durait qu'un an, et qui ne pouvait être intentée contre les héritiers, à moins qu'il y eût un fait personnel de leur part (L. 13, *hoc tit.*). Il y avait lieu à cette action, non-seulement quand la communication avait été refusée, mais aussi quand elle avait été faite faussement (*malitiosè*) ou incomplétement (L 8, pr., *hoc tit*). On obtenait par cette action une indemnité « *quasi agentis intersit editas sibi rationes esse* »; c'est-à-dire que l'on recouvrait contre l'*argentarius* tout le préjudice qu'on avait éprouvé par suite de l'absence ou de la fausseté de la production. Ainsi j'avais un procès avec un tiers, qui me réclamait une dette. Je prétendais m'être libéré en déléguant mon banquier par le moyen du *nomen transcriptitium a persona in personam* dont parle Gaïus (Comm. III, § 130). Pour cela, j'avais certainement besoin de produire mon compte: je le demandais, et la communication m'en étant refusée, j'étais condamné au paiement de la dette. Je me retournais alors contre mon banquier au moyen de l'action prétorienne *in factum*, et je lui réclamais le montant de la condamnation. A cela Gaïus fait une objection (L. 10, § 3, *hoc tit*). Il dit : mais si vous pouvez prouver contre l'*argentarius* le tort que vous à fait le défaut de production, vous pouviez aussi bien prouver contre le tiers que vous n'étiez pas débiteur, et alors le codex vous était inutile. Il est bien facile de répondre, et c'est ce que fait immédiatement le jurisconsulte, que j'ai pu me procurer, après la perte de mon premier procès, des moyens de preuve nouveaux, dont je ne disposais pas alors. Je pourrai donc justifier contre l'*argentarius* du préjudice qu'il m'a causé, et pourtant je n'aurais pas pu, au moment où je plaidais contre le tiers, me passer de la communication.

§ II. *Compensation.* — Les jurisconsultes sont loin d'être d'accord sur les effets que produisait à Rome la compensation. Il est à peu près certain qu'elle n'a existé à l'origine que dans les actions de bonne foi, pour les créances provenant du même contrat. Justinien nous apprend qu'on l'a étendue sous Marc-Aurèle aux contrats de droit strict : mais sans nous dire, ni si elle a été admise *ex causa dispari* dans les actions de bonne foi après le rescrit de Marc-Aurèle, ni quel était l'effet de l'exception de dol opposée en vertu de ce rescrit : deux difficultés qui ne sont pas tranchées.

On ne soupçonnait pas, jusqu'à la découverte des Institutes de Gaïus, qu'il eût existé sur ce point quelque chose de spécial aux *argentarii*. On était donc autorisé à dire, comme les *argentarii* agissaient en général au moyen d'une *condictio*, que le débiteur qui voulait leur opposer une compensation (avant les réformes de Justinien) devait recourir à l'exception de dol.

Mais le quatrième commentaire de Gaïus (§ 64 66) est

venu montrer que les banquiers étaient soumis à un régime tout particulier et singulièrement rigoureux. L'*argentarius* qui poursuit son débiteur est forcé d'opérer lui-même, au préalable, la compensation et de ne comprendre dans l'*intentio* que la balance du compte. Ainsi, s'il doit dix à Titius et que Titius lui doive vingt, il devra se servir d'une formule dont l'*intentio* portera ; si Titius lui doit dix de plus qu'il ne doit à Titius. Une exagération d'un seul écu dans le résultat de cette compensation lui fera perdre son procès, en vertu de la déchéance qu'entraîne la plus-pétition. Gaïus ajoute qu'il faut, pour que l'*argentarius* soit soumis à cette nécessité, que les deux dettes soient exigibles, et qu'elles portent toutes deux sur des objets de même genre; quelques auteurs pensaient même qu'il fallait que les choses dûes de part et d'autre fussent de même qualité.

Il n'est pas question une seule fois, dans le Digeste, de cette institution. Il est facile de comprendre pourquoi. Justinien avait établi un nouveau système législatif de compensation, d'après lequel le juge n'avait plus besoin d'un pouvoir exprès pour balancer tout ce qui pouvait être dû entre les parties, pour quelque raison que ce fût (L. 14, Cod. *de Compens.* 4. 31). De plus, la déchéance de la plus-pétition avait peu à peu disparu, à mesure que s'établissait la procédure extraordinaire, et comme cette déchéance était la sanction de l'obligation imposée à l'*argentarius*, l'obligation disparut aussi graduellement. Aussi, des 24 lois qui forment au Digeste le titre *De compensationibus* (16. 2), il n'en est pas une dont on puisse dire avec certitude que, dans la pensée de son auteur, elle s'est appliquée aux créances des *argentarii* plutôt qu'à celles qui naissant d'un contrat de bonne foi, ou même de contrats de droit strict, depuis le rescrit de Marc-Aurèle. Il est bien question de fidéjusseurs, dans quelques-uns de ces textes : mais rien n'indique que ces fidéjusseurs aient garanti la créance d'un *argentarius*. Nous trouvons seulement un passage des Sentences de Paul *(de pignor.* 3), passage non inséré au Digeste, et qui paraît s'appliquer à la *compensatio* des *argentarii* plutôt qu'à toute autre. Il s'agit de deux créances, d'objets analogues, mais *ex causa dispari.* C'est bien l'hypothèse où s'opère la compensation des banquiers. Le jurisconsulte dit : vous devez alors compenser ou déduire. Si vous demandez le tout, il y a pluspétition, et vous perdez votre procès. Il est très-probable que ce texte ne parle pas de la compensation ordinaire; on n'y fait pas mention de l'exception de dol, qui était pourtant le seul moyen d'arriver à la balance des deux dettes, quand elles ne provenaient pas du même contrat : et rien n'indique qu'il s'agisse ici d'actions de bonne foi. Nous y trouvons d'autre part ces deux caractères que nous signale Gaïus « d'abord c'est le créancier lui-même qui doit faire la compensation ; ensuite c'est la plus-pétition qui est la sanction. Or qui dit plus-pétition ne dit pas exception de dol. Le demandeur pouvait être déchu comme ayant trop demandé sans qu'aucune exception fût insérée dans la formule. — Le texte dit *compensare vel deducere,* et semble ainsi confondre deux choses différentes ; mais le mot de *deducere* a été sans doute une addition maladroite faite par les auteurs du bréviaire d'Alaric. Ceux-ci ont pensé que le mot de *compensare* ne s'appliquait qu'à l'hypothèse où les deux dettes étaient égales, et ont ajouté le mot de *deducere* pour le cas où il resterait un reliquat.

Il s'agit maintenant de déterminer le caractère de la compensation qui nous occupe. Elle n'a pas pour effet d'éteindre les deux dettes : la compensation opérant de plein droit, comme moyen d'extinction des obligations, a toujours été inconnue aux Romains, même sous Justinien. Si le débiteur de l'*argentarius* agit le premier, rien ne l'obligera de compenser : l'obligation est toute professionnelle, toute spéciale au banquier. C'est lui, et lui seul, qui doit faire la soustraction dans l'*intentio* de sa formule, et ne demander que le reliquat.

Supposons donc que c'est le client qui prend l'initiative. Le banquier doit dix à Titius : Titius doit vingt au banquier. Titius poursuit le banquier et lui demande dix. Le banquier n'a qu'un moyen de se défendre, c'est de faire insérer l'exception de dol dans la formule, en vertu du rescrit de Marc-Aurèle. Il arrivera ainsi à faire écarter la demande, et le client aura perdu sa créance.

Si le lendemain le banquier veut agir à son tour, il pourra, croyons-nous, demander les vingt sans avoir à compenser avec sa créance une dette dont il est libéré. On voit qu'il peut y avoir, pour le client aussi, quelque danger à ne pas faire la compensation; mais la situation n'est pas la même : il faut, pour que le client perde sa créance, que l'exception de dol lui soit opposée, et il a le temps, avant que l'on arrive à la rédaction définitive de la formule, de réduire sa prétention ou d'y renoncer tout à fait. Au contraire, quand c'est le banquier qui agit, le défendeur n'a qu'à se tenir tranquille ; il n'a rien à faire insérer dans la formule : il peut attendre qu'on soit *in judicio*, montrer alors que le banquier a compris une trop forte somme dans son *intentio*, et se faire ainsi absoudre, pour ainsi dire à l'improviste.

Il s'agit ici de *plus-petitio*, et non d'exception de dol. La question fameuse et si controversée qui s'élève sur l'effet de cette exception, ne se soulève donc pas quand l'*argentarius* est en jeu. Alors, la déchéance est complète, absolue, sans qu'il puisse être question de compensation. Le banquier qui me doit dix et à qui je dois vingt ne peut me demander que dix: s'il demande un sou de plus, il perd son procès. Mais pour combien est-il déchu? — C'est une question que le texte de Gaïus laisse indécise, et qui nous paraît une des plus délicates que l'on puisse examiner.

Supposons d'abord que l'*argentarius* a fait la compensation, mais qu'il a exagéré le reliquat : son *intentio* porte : *si paret Titium sibi XI millia dare oportere amplius quam ipse Titio debet*; elle n'aurait dû porter que *X millia*. Il y a plus-pétition, déchéance ; Gaïus le dit, et cela n'est pas douteux. Mais nous sommes fondés à dire, appuyés sur les principes du système formulaire, qu'il n'y a déchéance que pour ce qui a été déduit *in judicium*. Or qu'a-t-on déduit *in judicium* ? uniquement onze. La créance était de vingt : le créancier a laissé neuf de côté, non que sa créance fût éteinte pour ces neuf, car la compensation n'est pas un mode d'extinction des créances ; mais parce qu'une règle spéciale, et la crainte de la *plus-petitio*, obligeait l'*argentarius* à ne pas déduire *in judicium* une somme égale à sa dette. Il n'a demandé que XI : il ne perd son droit que pour XI, *rem perdit*, comme dit Gaïus : il reste créancier de IX. Que résulte-t-il de là ? Sans doute, si le banquier forme une seconde demande pour les neuf, il perdra le second procès, parce que le client a conservé sa créance de dix : là n'est pas l'intérêt de la décision. Mais si le client agit à son tour et demande ses dix, nous pensons que le banquier, qui a gardé de son côté sa créance de neuf, pourra opposer l'exception de dol : et alors, cette exception produisant son effet, le client n'obtiendra que un, suivant une partie des jurisconsultes, et, suivant les autres, il n'obtiendra rien du tout. Il est bien entendu que nous nous plaçons pour tout ceci avant les réformes du bas-empire, au temps de Gaïus par exemple, après le rescrit de Marc-

Aurèle, et que nous ne raisonnons que sur des actions de droit strict.

Que décider si l'*argentarius* n'a pas fait de compensation du tout ? Il était créancier de vingt : il devait dix : Il a demandé vingt sans plus s'occuper de sa propre dette que si elle n'existait pas. Cette fois-ci, s'il y a déchéance, il y a bien déchéance pour toute la créance : car elle a été, tout entière, déduite *in judicium*. Mais on pourrait dire, en interprétant judaïquement le texte de Gaïus, que dans ce cas là il n'y a pas du tout de déchéance, et que le client devra, s'il veut arriver à la compensation, invoquer l'exception de dol. Gaïus dit en effet : *quo fit ut, si facta compensatione plus nummo uno intendat argentarius, causa cadat et ob id rem perdat,* en sorte que la déchéance frappe le banquier, non pour une compensation non faite, mais pour une compensation mal faite. Il est cependant très-probable que la sanction était la même dans les deux cas. Les raisons de décider sont analogues. Le banquier, qui avait ou devait avoir une comptabilité soignée, manquait à son devoir s'il ne faisait pas lui-même la balance du compte, et sa faute était encore plus grave s'il ne déduisait rien du tout de sa créance que s'il en déduisait trop peu. Il était donc déchu pour le tout.

On voit par ce qui vient d'être dit quels étaient, entre les parties, les effets de la *minus petitio*. En conservant toujours les chiffres que nous avons donnés, supposons que le banquier, compensation faite, demande cinq, au lieu de dix, reliquat qu'il aurait droit de demander. Il n'a déduit *in judicium* que cinq, et il pourra encore demander cinq. Mais il faudra qu'il fasse attention, la seconde fois, d'opérer encore la compensation. Il devra répéter la rédaction de l'*intentio* : *si paret Titium sibi V dare oportere amplius quam ipse Titio debet.*

Ainsi l'*argentarius* ne peut *deducere in judicium* que l'excédant de sa créance sur sa dette. Cela ne l'empêche pas de demeurer créancier pour le surplus, et débiteur pour une somme égale à ce surplus. Ces deux obligations continuent à exister concurremment : seulement le banquier, qui a reçu la balance de son compte, ne peut plus agir, et doit attendre que son client agisse, pour lui opposer alors l'exception de dol. Situation singulière, dont on sortait peut-être par un pacte réciproque de *non petendo*, peut-être par une stipulation aquilienne survie d'acceptilation, peut-être aussi par une passation d'écritures dont la formule ne nous a pas été conservée. On comprend avec quelle incertitude l'interprétation est forcée de s'avancer, quand il s'agit de reconstruire en conjectures une institution comme celle-ci. Toute cette théorie de la compensation des *argentarii* s'appuie sur six ou douze lignes de Gaïus : elle a peu attiré l'attention jusqu'à présent, et cependant nous avons vu que les deux paragraphes des Institutes de Gaïus sont loin de contenir une explication complète, et de donner satisfaction à tous les doutes que cette matière intéressante peut soulever.

§ III. *Actio receptitia.* — C'est encore une institution particulière aux *argentarii*: institution du droit civil, qui a été imitée par le droit prétorien et qui a cessé, sous Justinien, d'être propre à la classe des banquiers. Au temps où le Digeste a été compilé, la fusion de l'action *receptitia* avec le constitut était déjà consommée. Voilà pourquoi le Digeste ne parle pas de l'*actio receptitia.* Partout où ce mot se trouvait, Tribonien et ses collaborateurs l'ont remplacé par une expression empruntée au constitut. La loi 6, § 3. *De edendo,* nous en donne un exemple (Dig. 2. 13). Ulpien y disait certainement : *sed et quod solvi recepit, argentarius edere debet.* Au lieu de cela, on a mis : *sed et quod solvi constituit.*

Nous savons peu de chose sur l'action *receptitia.* Les seuls détails précis qui nous soient parvenus à ce sujet se trouvent dans la constitution par laquelle Justinien a confondu ensemble l'action *receptitia* et le pacte de constitut. (L. 2. Cod. *de constit. pec.* 4. 18). Nous y voyons que le *receptum* se faisait au moyen de paroles solennelles : qu'à la différence du constitut, on pouvait y comprendre des corps certains, et non pas seulement des choses *quæ pondere, numero, mensurave constant* ; que l'action *receptitia* pouvait porter, même sans terme ou sans condition, sur des dettes à termes ou conditionnelles, autre avantage qu'elle avait sur le constitut ; que les *argentarii* seuls pouvaient en être l'objet ; qu'elle était civile, tandis que le constitut était prétorien ; enfin qu'elle était perpétuelle, tandis que le constitut ne l'était pas toujours. Tout cela n'exige pas de longs développements. Justinien supprime toutes ces différences, et décide qu'il n'y aura plus d'action *receptitia :* que l'action *pecuniæ constitutæ* restera seule.

Il y a deux points dans la constitution qui demandent une explication. Le § 2 finit par ces mots : *his videlicet, quæ argenti distractores et alii negotiatores indefensè constituerint, in sua firmitate secundum morem usque adhuc obtinentem durantibus.* Accurce a pensé que le mot de *constituerint* s'applique aux règlements particuliers des collèges de banquiers. Il est beaucoup plus probable, comme le fait remarquer Cujas (*in Cod.* Liv. IV, Tit. 18), que Justinien a voulu parler des contrats faits avant la réforme, et dire que la loi n'aurait pas d'effet rétroactif sur les conventions. Il se contente de leur donner le nom de *constituta*, déclarant d'ailleurs qu'ils resteront soumis, s'il y a lieu, aux règles anciennes de l'action *receptitia*.

La constitution dit ailleurs : *secundum antiquam receptitiam actionem exigebatur, et si quid non fuerat debitum :* c'est-à-dire qu'on pouvait réclamer par l'action *receptitia* même une chose qui n'avait pas été due. Que faut-il entendre par là ? Le constitut n'était valable que s'il était fait pour une dette antérieurement existante, c'est ce que les textes nous disent à plusieurs reprises. On peut voir notamment la loi 11, § 1 Dig. de *Pecun. constitut.* 13, 5. — Je devais cent, et je fais le pacte de constitut pour deux cents : je ne serai obligé que pour cent, parce qu'il n'y a dette antérieure que pour cette quantité. C'est par la même raison que le constitut fait pour une dette conditionnelle était nécessairement soumis à la même condition que la dette. (L. 19 pr. Dig. hoc. tit.). Il paraît qu'il n'en était pas de même de l'action *receptitia*; ceci surprend un peu, parce que l'on se figure le *receptum* comme un contrat par lequel le banquier promettait de payer la dette de son client, ou la sienne propre; comme une promesse de paiement, et non comme une forme d'obligation. Aussi croyons-nous, malgré ce que semble dire ici Justinien, qu'il fallait toujours que le *receptum* fût fait par le banquier dans l'intérêt d'un tiers. Seulement il pouvait arriver que l'intervention du banquier précédât la naissance de l'obligation dans la personne de ce tiers : ce qui n'aurait pas été possible pour le constitut, mais aurait été très-possible pour la fidéjussion. Ainsi sur le point de prêter une somme à Titius par *mutuum*, le prêteur désirait avoir l'engagement d'un *argentarius* avant de se dessaisir des écus, c'est-à-dire avant la naissance de l'obligation principale. On s'adressait alors au banquier, qui *recipiebat se soluturum.* Au moment où ceci se passait, il n'y avait pas encore de dette principale, et par conséquent *indebitum in se recipiebat*. Mais l'effet du *receptum* demeurait suspendu jusqu'au moment où l'obligation principale était véritablement contractée. C'est comme cela sans doute qu'il faut comprendre le passage qui nous occupe. Il est impossible de dire que les *argentarii* pouvaient s'engager par la forme du *receptum* pour leurs propres dettes, non antérieurement existantes. Si les Institutes et le Code mettent ainsi en parallèle l'action *receptitia* et le constitut, c'est qu'apparemment il y a entre eux un caractère commun, et ce caractère, c'est que tous deux sont des conventions accessoires, qui supposent une obligation principale. Or le caractère commun disparaît si l'on entend le texte de Justinien en ce sens que le *receptum* était tout simplement une manière de s'obliger, soit accessoirement, soit principalement.

L'étymologie même du terme d'*actio receptitia* montre bien qu'il en est ainsi. *Recipere* ne veut pas dire recevoir jour pour le paiement : car alors c'est le créancier, et non l'*argentarius*, dont on aurait dit qu'il *recipit*. Il ne veut pas dire non plus, comme l'a proposé Cujas, recevoir sur soi ou chez soi la dette d'autrui. *Recipere* veut simplement dire, dans le latin un peu ancien, s'engager à faire une chose. Nous le trouvons avec ce sens dans Cicéron (*ad Fam.*, Liv. V, ép. 8) : *quæ tibi promitto, ac recipio*. L'*argentarius* s'engageait donc à payer pour le compte de son client.

Ici encore, l'absence ou le très-petit nombre des textes nous laissent dans l'incertitude sur beaucoup de points. On pourrait se demander d'abord, comme on le fait pour le constitut, quel était, sur l'obligation principale, l'effet du *receptum*. Continuait-elle d'exister? était-elle du moins éteinte *exceptionis ope*? On discute la question pour le constitut, et des distinctions sont proposées. Nous n'avons à nous occuper ici que de l'action *receptitia*, et, quelle que soit la solution donnée pour le constitut, nous pensons que l'intervention du banquier n'avait nullement pour effet la libération du client, soit *ipso jure*, soit même *exceptionis ope*. Qu'on se reporte pour cela à l'origine du *receptum*, et aux raisons qui ont fait sanctionner ce simple pacte par le droit civil; comme les *argentarii* avaient en général entre les mains les fonds de leurs clients, et étaient chargés de faire leurs paiements, il était logique et naturel que le banquier pût s'engager à payer lui-même. Le créancier évitait ainsi d'être renvoyé, au jour de l'échéance, du débiteur au banquier, ou du banquier au débiteur. Mais de là à faire une novation par changement de débiteur, il y avait fort loin, et le droit civil n'a jamais rien sanctionné de pareil. Le banquier promettait de payer: il faisait cela au moyen de certaines paroles consacrées dont le texte ne nous est pas parvenu, mais qui ressemblaient à l'échange de paroles de la *stipulatio*. Rien n'indique que le débiteur principal ait joué dans l'opération un rôle actif: on ne peut donc pas dire que le *receptum* se soit compliqué nécessairement d'un pacte de *non petendo*. Sans doute ce pacte pouvait être fait, et alors le débiteur principal se trouvait libéré *exceptionis ope* : on peut dire en ce sens que tout dépendait de l'intention des parties : mais si nous envisageons l'action *receptitia* pure et simple, nous sommes autorisés à croire que le débiteur principal n'était pas libéré, et que le créancier pouvait, à l'échéance, poursuivre à sa guise, soit le débiteur principal, soit l'*argentarius*.

Les textes ne nous apprennent pas non plus comment se réglait la situation entre l'*argentarius* et son client. Tout porte à penser qu'ici comme dans presque toutes les relations du même genre, le recours du banquier était couvert par l'*actio mandati* ou par l'*actio negotiorum gestorum*. Peut-être aussi l'*expensilatio* était-elle employée. Mais il fallait attendre, si l'on voulait se servir de cette dernière forme, que le créancier eût exercé son action, car jusque-là on ne pouvait pas savoir s'il ne s'adresserait pas d'abord au débiteur principal, et l'*expensilatio* ne pouvait servir à former des créances conditionnelles. Il est probable que l'*argentarius* avait l'action du mandat bien plus souvent que celle de gestion d'affaires : car c'était presque toujours sur l'ordre de son client qu'il faisait le *receptum*.

On a pu voir, par tout ce qui précède, que la situation du banquier qui a fait le *receptum* a quelque analogie avec celle du fidéjusseur : engagement contracté au moyen de certaines paroles solennelles, possibilité de faire précéder l'obligation principale par l'obligation accessoire, mode de recours semblable contre celui pour le compte duquel on a payé. Mais il y avait des différences sérieuses. Il est probable d'abord que l'action exercée contre le banquier ne libérait pas le débiteur principal, contrairement à l'effet ordinaire de la *litis contestatio*. Comme les deux obligations provenaient de deux contrats différents, la poursuite intentée à raison de l'une n'avait pas pour effet de déduire *in judicium* le droit tout entier du créancier. Il en était de même pour le constitut, (L. 16, § 3, Dig. *De pec. const.*) quoique ce point eût été anciennement contesté. Il en était de même encore, et toujours pour la même raison, à l'égard du *mandator pecuniæ credendæ* (L. 13, Dig. *de fidejussoribus et mandatoribus*, 46, 1). Il fallait donc que l'*argentarius* eût payé la dette pour que le débiteur principal fût libéré.

Il faut remarquer ensuite que l'action *receptitia* a échappé à toutes les réformes qui sont venues successivement, sous les empereurs, améliorer la condition légale des fidéjusseurs. Ainsi le rescrit d'Adrien, qui a établi le bénéfice de division entre les fidéjusseurs d'une même dette, n'a jamais été applicable aux *argentarii*. Si un créancier avait désiré, en prêtant son argent, que la faculté lui fût ménagée de se faire payer à son choix par l'un de plusieurs banquiers, et qu'en conséquence deux ou trois de ces négociants eûssent fait avec lui le *receptum*, il pouvait s'adresser à celui d'entre eux qu'il voulait, sans crainte de se voir opposer le bénéfice de division.

Il en est de même pour ce qu'on appelle le bénéfice de discussion. Que cette institution ait existé anciennement, comme Justinien l'affirme dans sa Novelle 4, ou qu'elle ait été une innovation de cet empereur, il est bien certain que jusqu'à lui l'*argentarius* actionné n'a pas pu renvoyer le demandeur à discuter d'abord le débiteur principal. La Novelle 4, en obligeant le créancier à suivre un ordre dans ses demandes, a pris soin de dire formellement qu'elle s'appliquait aussi bien au constitut qu'au *mandatum pecuniæ credendæ* et à la fidéjussion. Et comme d'autre part la loi 2 au Code avait supprimé toute différence entre l'action *receptitia* et l'action *de pecunia constituta*, on aurait pu croire qu'à l'avenir l'*argentarius* pourrait invoquer aussi le bénéfice de discussion. C'est une erreur contre laquelle les derniers mots de la Novelle (chap. iii, § 1) sont dirigés. Les constituts des *argentarii*, dit Justinien, resteront sous l'empire de l'ancienne règle à cause de l'utilité des contrats. Il est évident en effet, puisque l'*argentarius* intervenait moins pour garantir le paiement que pour le rendre plus commode, qu'il aurait été absurde de permettre à l'*argentarius* d'opposer le bénéfice de discussion; le but même du *receptum* aurait été manqué. On com-

prend pourquoi la Novelle dit : les *constituts*, et non :
les *recepta,* des *argentarii*. Au moment où elle a été
écrite, la constitution était en vigueur qui fondait ensemble le *constitut* et le *receptum,* et les réunissait pour
l'avenir sur le nom commun de *constitut*.

Nous avons dit plus haut que.les *argentarii* se plaignirent de ne pouvoir opposer le bénéfice de discussion,
tandis que les cautions de leurs débiteurs le leur oppo-
saient; et que Justinien fit en partie droit à leurs plaintes,
non pas en leur permettant de se prévaloir à leur tour
de ce bénéfice, mais en leur permettant de stipuler, lorsqu'ils feraient des prêts, que le bénéfice de discussion ne
pourrait pas être invoqué contre eux (Nov. 136, princ. et
chap. 1). Cette Novelle ne changea donc rien à leur position passive, et il fut toujours permis d'actionner l'*argentarius* qui avait fait le *receptum* avant le débiteur
principal.

§ IV. *Privilége du déposant.* — Il arrivait souvent
qu'un particulier remît des objets ou des sommes d'argent à un banquier : mais il y avait grand intérêt à
savoir dans quelle intention cette remise avait été faite.
Si, ayant chez moi des objets ou des écus, et peu con-
fiant dans la solidité de ma caisse, je les portais chez un
argentarius qui s'engageait à me rendre les mêmes
choses, c'était le dépôt ordinaire; j'avais contre le banquier *l'actio depositi directa,* mais j'avais aussi la *rei*

vindicatio, dérivant pour moi de droit de propriété qui était toujours demeuré sur ma tête.

Si d'autre part je remettais à mon *argentarius* une somme d'argent pour qu'il la fît valoir dans son négoce et qu'il m'en servît un intérêt, j'avais aliéné la propriété de mes valeurs pour devenir un simple créancier du banquier, et si celui-ci venait à faire faillite (*foro cedere*), tout mon droit se réduisait à concourir avec ses autres créanciers sans que je pûsse prétendre à aucun droit de préférence.

Mais entre ces deux situations, il s'en place une autre qui mérite d'attirer notre attention. C'est ce qu'on appelle le dépôt irrégulier. Il y a bien dépôt, en ce sens que je ne veux faire aucune spéculation, que je ne retire pas d'intérêt de mon argent, que j'ai seulement voulu le mettre en lieu de sûreté. Mais le dépôt est irrégulier parce que j'ai cessé d'être propriétaire de la chose déposée, et que l'on me rendra sur ma réclamation, non pas les mêmes objets *in corpore*, mais des objets de même quantité et qualité. Si le banquier tombe en faillite, je n'aurai donc aucune revendication à exercer : car je ne suis pas propriétaire, je ne suis plus qu'un créancier.

Toutefois, quand des fonds ont été déposés chez un *argentarius*, le droit romain accorde un privilége au déposant. Il y a à cela une condition, c'est qu'il s'agisse bien d'un dépôt, et que le client n'ait pas reçu d'intérêt pour ses avances. Le simple fait des intérêt reçus entraîne la déchéance du privilége. Si même l'opération a eu à l'origine le caractère de dépôt et qu'après coup un intérêt vienne à être servi, le déposant sera considéré comme ayant renoncé à son dépôt, et rentrera dans les rangs des créanciers chirographaires non privilégiés (L. 7, § 3. *Depositi vel contra* Dig. 16, 3).

Quand on essaie de déterminer l'étendue et les effets de ce privilége, une difficulté s'élève. Nous lisons dans la loi 7, au Digeste (*Depositi vel contra*, 16, 3) : « *Quoties foro cedunt nummularii, solet primo loco ratio haberi depositariorum, hoc est eorum, qui depositas pecunias habuerunt, non quas fænore apud numularios, vel cum nummulariis, vel per ipsos exercebant: et ante privilegia igitur, si bona venierint, depositariorum ratio habetur...* » Puis la loi 24, § 2. *De rebus auctoritate judicis possidendis, seu vendundis* (Dig. 42, 5) nous dit : « *In bonis mensularii vendundis post privilegia potiorem eorum esse causam placuit, qui pecunias apud mensam, fidem publicam secuti, deposuerunt. Sed enim qui depositis nummis usuras a mensulariis acceperunt, a cæteris creditoribus non separantur : et merito, aliud est, enim credere, aliud deponere. Si tamen nummi extent vindicari eos posse puto a depositariis, et futurum eum, qui vindicat, ante privilegia.* » Les deux textes sont du jurisconsulte Ulpien. Il est facile de voir d'où vient la difficulté. Le premier de ces deux textes semble dire que les déposants passeront avant les créanciers privilégiés, le second qu'ils passeront après les privilégiés, et ne seront préférés qu'aux chirographaires.

Il y a deux points sur lesquels les deux textes sont d'accord. Si·le déposant a reçu des intérêts pour son argent, il perd toute espèce de droit de préférence. Si au contraire les écus sont encore là en nature, renfermés par exemple dans un sac qui n'a pas été ouvert, le propriétaire peut les revendiquer. Il n'y a d'embarras que lorsque le déposant se présente comme créancier.

On a proposé diverses conciliations. Celle qui paraît être la plus généralement accueillie, et qui a été admise par MM. Vangerow et Pellat, consiste à dire : trois hypothèses peuvent se présenter. Ou bien les écus existent en nature, et alors ils peuvent être revendiqués. S'il n'y a pas du tout de sommes provenant de dépôts, les déposants passent après les privilégiés, mais avant les chirographaires. C'est ce que prévoit la loi 24. Ou bien enfin, il se trouve dans les biens de l'*argentarius* des sommes qui ont un dépôt pour origine sans qu'on puisse dire si c'est tel dépôt plutôt que tel autre ; alors les déposants précèdent les privilégiés eux-mêmes, et se partagent entre eux les sommes ainsi trouvées. C'est ce que prévoit la loi 7. L'objection principale contre cette concilation ingénieuse se tire de la loi 8, *Depositi*, faisant suite à celle dont l'explication nous occupe. Cette loi 8 dit que le privilége en question s'exercera, non pas seulement sur les sommes déposées, mais sur tous les biens du débiteur insolvable, ce qui n'est plus d'accord avec la troisième hypothèse. Il serait difficile de comprendre pourquoi les déposants, passant après les privilégiés quand il ne se trouve pas de valeurs venues de dépôts, prendraient le premier rang, à l'égard de toute la fortune, par cela seul qu'il existerait quelques-unes de ces valeurs. Aussi les auteurs de la distinction dont nous parlons ont-ils soutenu que la loi 8 avait été séparée par les compilateurs du passage qui la précédait dans les questions de Papinien, et que dans cet ouvrage elle s'appliquait à la seconde hypothèse, non à la troisième. Mais ceci ne peut être admis. Papinien entend bien parler, dans la loi 8, d'un privilége qui prime les autres, et non pas qui est primé par eux, puisque la loi se termine en disant : sans doute les frais nécessaires passeront toujours les premiers, — ce qui veut dire, les simples priviléges ne viendront qu'après celui-ci. Joignez-y qu'il est bien question dans la loi 8 de la troisième des hypothèses sur lesquelles nous discutons, puisque on y lit, *non in ea tantum quantitate, quæ in bonis argentarii ex pecunia deposita reperta est.* Or, dans la seconde hypothèse, on suppose précisément qu'il ne s'est trouvé aucune somme provenant de dépôts, et l'expression *non tantum* serait inexplicable si le jurisconsulte avait eu en vue cette espèce là. La loi 8 reste donc toujours comme un obstacle, qu'on n'a pas réussi à tourner. Si même nous laissons de côté la loi 8, pour nous en tenir à nos deux textes, nous n'y trouvons pas un mot qui appuie la distinction que l'on essaie d'y introduire. Rien ne nous indique dans la loi 7 qu'il s'agisse de valeurs provenant indistinctement de dépôts. Rien dans la loi 24 ne nous indique le contraire. Cette loi commence par dire que les déposants viennent après les priviléges, puis elle ajoute cette restriction : si les écus existent en nature, ils peuvent être revendiqués. Comment n'aurait-elle pas parlé de cette autre restriction, qui est comprise dans la loi 7, si elle avait existé en réalité ? Nous pensons donc que la conciliation proposée par MM. Pellat et Vangerow doit être écartée, tant à cause de la loi 8 que parce qu'elle ne trouve pas une base suffisante dans les deux textes mêmes sur lesquels elle porte.

Cujas a proposé un système plus simple (*in Papin. Quæst.*). La loi 7 s'applique, d'après lui, au cas où les écus se retrouvent en nature, et la loi 24, au cas où les écus ne se retrouvent pas. Rien ne serait plus plausible, si nous n'avions à concilier avec la loi 24 que le § 2 de la loi 7. Mais il y a toujours cette loi 8, qui étend le privilége à tous les biens de l'*argentarius*. Et il y a de plus le § 3 de notre loi 7, qui dit : on se demande s'il faut considérer l'ordre chronologique des dépôts, ou faire venir tous les déposants sur la même ligne : il faut les admettre ensemble. Si une pareille question a pu se poser, et si elle a reçu cette solution, c'est qu'évidemment la loi 7 ne s'occupe pas du cas où le déposant retrouve ses écus en nature dans la caisse de l'*argentarius*. La revendication n'admet pas un concours de ce genre. La conciliation dont

nous avons précédemment parlé échappait à cette objection en supposant des sommes provenues de dépôts, sans
qu'on sût au juste de quél dépôt. Mais le système de
Cujas n'y échappe pas, et ne peut par conséquent se soutenir.

On pourrait penser, à ne lire que les premiers mots de
la loi 7, § 2, qu'elle parle de personnes, qui, ayant reçu
elles-mêmes une somme en dépôt, l'avaient confiée à leur
tour à un banquier. On serait alors amené à dire que le privilége de premier rang existe pour des dépositaires-
déposants, et que tous les autres déposants viennent
seulement après les privilégiés. Mais, outre que cette différence serait difficile à justifier en raison, la position des
uns n'étant pas du tout plus favorable que celle des
autres, rien dans le texte n'appuic cette opinion. On
s'aperçoit bien vite que le mot de *depositarius*, qui avait
pu faire illusion au premier abord, est pris simplement
par Ulpien dans le sens de déposant. Dans le § 3 de la loi
7, il nous dit : *quæritur utrum ordo spectetur corum, qui
deposuerunt, an vero simul omnium depositariorum
ratio habeatur.* Et l'expression se retrouve avec la même
signification dans la loi 24. Il en est de même des mots :
qui depositas pecunias habuerunt ; ils veulent dire, qui
ont déposé de l'argent, et non, qui ont eu de l'argent déposé.

Enfin, une quatrième conciliation a été mise en avant.
La loi 7 parle de *nummularii*, la loi 24 de *mensularii*.

Cette dernière dit que la cause déterminante du dépôt a été la *fides publica*. On s'est appuyé là dessus pour dire que le *mensularius* était une sorte d'officier public, et le *nummularius* ou *argentarius* un agent privé. Commençons par dire que cette conjecture, fût-elle vraie, ne fournirait encore qu'une moitié d'explication. Pourquoi celui qui dépose chez un officier public est-il moins garanti que celui qui dépose chez un simple négociant ? On comprendrait mieux le contraire. Mais rien n'autorise à distinguer ainsi le *nummularius* du *mensularius*. Que l'on consulte tous les textes, on n'y trouvera pas trace de cette distinction. Nous avons vu plus haut, au sujet de la loi 9, § 2, *De edendo*, qu'il y a quelque différence entre le *nummularius* et l'*argentarius*, quoiqu'on les mette sur la même ligne au point de vue de l'obligation de rendre leurs comptes. Mais ce n'est pas de cela qu'il s'agit ici. La loi 7 parle du *nummularius*, la loi 8 de l'*argentarius*, et on ne fait entre eux aucune différence. C'est entre le *nummularius* et le *mensularius* que l'on voudrait tracer maintenant une ligne de démarcation. On n'a pu faire cette tentative qu'en confondant le *mensularius* de la loi 24 avec ces anciens *mensarii*, véritables magistrats que nommait la république dans des moments de crise financière, et qui avaient en effet un caractère officiel, mais dont il n'était plus question au moment où écrivait Ulpien.

Peut-être pourrait-on lever d'une autre manière la

contradiction apparente des deux textes. Remarquons quel est l'objet de la loi 7, *Depositi*. Le *principium* et le § 1 parlent de dépositaires qui se sont rendus coupables de dol. Il est fort probable que le jurisconsulte, passant sans aucune transition du § 1 au § 2, a eu encore en vue un dépositaire de mauvaise foi. Il suppose donc un *argentarius* ou un *nummularius*, qui a fait banqueroute (*qui foro cessit*), et qui de plus a usé de fraude vis-à-vis des déposants, soit pour les déterminer à lui confier de l'argent, soit en faisant disparaître de mauvaise foi les valeurs qu'il avait encore entre les mains. Dans ce dernier cas on pourrait même dire que les déposants ont encore la revendication, parce que le dépositaire *dolo malo desiit possidere* (V. L. 27, § 3, *De rei vindic.* Dig. 6, 1). S'il est question d'une pareille revendication, elle n'exclut pas du tout le concours des revendiquants sur une même chose, et par conséquent le § 3 de la loi 7 ainsi que la loi 8 s'expliqueraient simplement. Il s'agit d'une revendication, c'est-à-dire d'une action qui précède les priviléges, mais qui, à raison des circonstances, ne porte sur aucun objet en particulier. Sans même qu'il soit besoin de se placer dans cette hypothèse on peut très-bien dire que celui qui a été victime d'un dol du banquier mérite une faveur spéciale, et passera avant les priviléges, si l'on procède à la *bonorum venditio*. Or les lois 7 et 8 ne raisonnent que dans l'hypothèse d'un dol. Nous avouons qu'il ne faut pas attacher

4

trop d'importance au mot de *fraudator*, employé dans la loi 8. Mais ce qui nous paraît concluant, c'est la place de nos textes. Nous avons dit que le *principium* et le § 1 de la loi 7, qui les précèdent, parlent de dol. Les lois 9 et 10, qui suivent, en parlent aussi. Ulpien n'a pas pu passer, sans transition, d'un ordre d'idées à un autre, sans en prévenir le lecteur. Et d'autre part, les compilateurs auraient arrêté leur extrait après le § 1 de la loi 7, si Ulpien n'avait pas continué à parler dans le § 2, comme il le faisait dans le § 1, d'un dépositaire coupable de fraude.

La loi 24 au contraire ne suppose rien de pareil. Elle est tirée, il est vrai, du même ouvrage d'Ulpien, mais du livre LIII de cet ouvrage. Le jurisconsulte ne s'occupe plus ici de questions de dol ou de bonne foi, mais de priviléges. Il s'agit bien de *bonorum venditio*, mais rien n'indique particulièrement que le banquier ait usé de dol vis-à-vis des déposants, et alors il n'y a pas de raison pour accorder à ceux-ci la faveur exorbitante que leur donne la loi 7. Ils auront encore un privilége, mais un privilége qui viendra après les autres, au lieu de les précéder, comme dans l'autre hypothèse. Sans doute ils pourront revendiquer, mais seulement si leurs écus se retrouvent en nature. Comme le banquier n'a pas commis de fraude à leur égard en se dessaisissant des sommes déposées, ils n'auront pas cette revendication toute particulière qui se donne contre celui qui *dolo malo desiit possidere*. Telle est la portée de la lói 24.

Nous pensons donc que l'antinomie des deux textes se résout en supposant que dans le premier cas il s'agit d'un banquier qui a usé de dol, et que dans le second il s'agit d'une faillite ordinaire. Cette explication ne lève certes pas tous les doutes, et ne peut être présentée que comme une conjecture : mais aucune des conciliations qui ont été proposées jusqu'à présent n'est de nature à satisfaire complétement l'esprit.

DROIT FRANÇAIS

—

DES COMPTES-COURANTS

—

PREMIÈRE PARTIE

NOTIONS GÉNÉRALES

On appelle compte-courant une forme spéciale de
comptabilité. Quand on emploie cette forme, au lieu de
régler après chaque opération ce que l'une des deux personnes qui sont en relation d'affaires se trouve devoir à
l'autre, on confond les crédits et les débits, à mesure
qu'ils se produisent, dans deux masses que l'on balancera ultérieurement. A certaines époques, on fait le
total de ces deux masses, on compare les deux totaux,

et la différence devient une dette semblable à toute autre dette.

Ceci est une description, et non une définition. Il est impossible, à notre avis, de donner une définition juri-dique du compte-courant. Le procédé de comptabilité dont nous venons de donner une idée peut s'appliquer à des situations tellement diverses et servir de cadre à des opérations si variées qu'on ne saurait en préciser les caractères dans une formule de quatre ou cinq lignes. Tous les jurisconsultes qui l'ont essayé y ont perdu leur peine. MM. Delamarre et le Poitvin, qui y ont consacré de scrupuleux efforts, ont abouti à une analyse du compte-courant qui peut être savante, mais qui fatigue l'esprit sans lui donner d'idées nettes.

D'après ces auteurs « le compte-courant est un contrat par lequel l'un des contractants remet à l'autre contrac-tant, ou reçoit de lui de l'argent ou des valeurs non-spécialement affectées à un emploi déterminé, mais en toute propriété, et même sans obligation d'en tenir l'é-quivalent à la disposition de celui qui remet, en un mot à la seule charge par celui qui reçoit d'en créditer le remettant, sauf règlement par compensation, à due con-currence, des remises respectives, sur la masse entière du crédit ou du débit. »

Connaît-on mieux le compte-courant après avoir lu ces mots ? On nous pardonnera de penser que non. D'abord, pourquoi appeler le compte-courant un contrat ? Le compte de tutelle n'est pas un contrat, le compte de gestion pas davantage : un compte est un moyen de constater la situation d'affaires de deux personnes ; mais on ne comprend pas comment il serait lui-même un accord de volontés. Que deux négociants conviennent de ne régler leur situation que tous les trois mois ou tous les six mois, et que le compte-courant soit l'instrument de cette combinaison, c'est une chose qui se conçoit. Mais ce n'est pas le compte-courant qui est le contrat. Un pareil accord pourrait se former sans qu'on se servît du compte-courant, et de même le compte-courant pourrait être employé à de tout autres usages. On est encore bien plus surpris d'apprendre que le compte-courant est, non-seulement un contrat, mais un contrat réel, c'est-à-dire qu'il faut une remise effective, une tradition, pour que le contrat prenne naissance (MM. Delamarre et Le Poitvin, du contrat de commission. T. III, n° 322) ; qu'il faut soigneusement distinguer le compte-courant des écritures de compte-courant (M. Feitu, *Revue pratique*. T. XVIII, p. 397.)

C'est précisément là qu'est le vice du système. Il ne faut pas distinguer le compte-courant des écritures de compte-courant. L'esprit se refuse à concevoir l'idée de ce compte qui n'est pas un compte. Dans une matière comme celle-ci, où les usages de commerce ont tout créé, tout réglementé, une définition ne saurait être d'un grand profit. On peut très-bien dire : « lorsque deux négociants sont en compte-courant, voici ce qui se passe en général », et analyser ensuite les principaux effets de cette situation juridique, mais il faut se garder de caractériser *a priori*.

Voici quelques exemples des opérations qui peuvent venir prendre place dans le compte-courant.

Je vends à un commerçant une certaine quantité de marchandises. S'il me paie immédiatement, pas de difficulté : tout est fini entre lui et moi. S'il souscrit un billet à mon profit, ou accepte une lettre de change que je tire sur lui, tout est réglé de même. Mais il peut se faire aussi que le marché soit réglé en compte-courant, c'est-à-dire que je débite l'acheteur sur mes livres du prix des marchandises, qu'il m'en crédite sur les siens, que ma créance et sa dette viennent se fondre dans l'ensemble des créances et des dettes que nous pouvons avoir l'un vis-à-vis de l'autre. C'est une sorte de réservoir commun où viennent se perdre, comme des affluents, toutes les opérations particulières.

Une autre fois, j'ai entre les mains une traite sur Bordeaux. Je l'adresse à mon correspondant de Bordeaux, qui en encaisse le montant, non comme mandataire, mais comme propriétaire de la traite. S'il m'en adresse immédiatement une autre, sur Paris, qu'il a entre les mains, ou s'il m'envoie une somme égale au montant de l'effet, avec l'intention d'éteindre la créance que la remise de ma traite m'a procurée sur lui, tout sera réglé entre nous. Mais il peut aussi créditer mon compte de la somme qu'il a touchée, c'est-à-dire que le résultat de l'opération viendra se fondre dans le compte - courant. C'est ce qu'il fera en général quand, en lui envoyant la traite, je ne lui aurai pas prescrit d'en faire un emploi particulier. S'il a le lendemain une traite sur Paris, il me l'expédiera de la même manière, non pour me payer de ma remise de la veille, mais avec l'intention d'être crédité du montant de la traite.

Entre deux négociants qui ne sont pas des banquiers, ce sont ordinairement ces envois réciproques de traites qui alimentent le compte-courant. On en comprend l'utilité. On évite ainsi des envois d'argent et des pertes de temps. Mon correspondant de Bordeaux n'est pas forcé de me renvoyer les 1000 ou 2000 fr. qu'il a touchés sur mon effet Il m'expédie une autre traite quand il trouve l'occasion, et nous réglons par compensation à des époques déterminées. Notre but principal est de faciliter nos relations et non de nous faire des prêts. Le compte-courant nous offre pour cela un instrument commode, et nous l'employons.

La situation dont nous venons d'indiquer les éléments se produit souvent entre deux banquiers, comme entre deux autres commerçants. Ils se font des remises réciproques; et s'en tiennent compte par un règlement périodique.

Mais prenons un banquier et un de ses clients, non banquier. Le mécanisme est toujours le même. Les créances et les dettes sont portées au crédit et au débit des comptes, attendant l'époque d'un arrêté périodique; on compense alors, et le solde du compte arrêté devient exigible, ou forme le point de départ d'un nouveau compte où il est reporté. Mais si le cadre n'a pas changé, la situation des parties est absolument différente. Ce ne sont plus deux commerçants, faisant des opérations de même nature, et se rendant des services réciproques : c'est un prêteur vis-à-vis d'un emprunteur. Le plus souvent l'ouverture de compte a été précédée d'un contrat, appelé ouverture de crédit, véritable promesse de prêter jusqu'à concurrence d'une certaine somme. Le rôle du banquier consiste en général à accepter les traites du correspondant. Celui-ci envoie de temps en temps des valeurs, qui sont portées à son crédit: il peut arriver que la limite du crédit ouvert ne soit jamais atteinte : il peut même se faire que le client ne soit jamais débiteur au moment des arrêtés de compte ; mais ces circonstances de fait ne changent rien à la nature intime de la situation. Le compte-courant sert ici d'instrument à deux parties dont l'une est prêteuse et dont l'autre emprunte. C'est un tout autre rapport que celui qui a été indiqué précédemment, et nous aurons occasion de voir que la distinction offre un sérieux intérêt pratique.

Il est donc fort difficile d'embrasser par la pensée tous les cas où le compte-courant peut être employé. Comme il n'est pas autre chose qu'un mode spécial de régler les affaires, on n'a aucune raison pour en interdire l'usage aux personnes qui ne sont pas commerçantes. Deux particuliers non commerçants peuvent convenir de n'établir que tous les trois mois, tous les six mois ou tous les ans, le compte de leur situation respective. La compensation légale n'opère pas alors, parce que les dettes n'auront pas les caractères de liquidité et d'exigibilité dont parle l'article 1291 du Code Napoléon. Seulement l'intérêt ne sera pas l'intérêt commercial. — Il faut répondre de même à cette question: le compte-courant est-il par lui-même un acte de commerce? Il est certain que non. Comment l'emploi de tel ou tel mode de règlement serait-il par lui-même un acte de commerce, sans que les articles 632 et suivants du Code de commerce l'eûssent dit? Ce n'est pas ainsi qu'il faut poser la question. Mais on rencontre une difficulté sérieuse si l'on se demande ce que devient une créance commerciale qui entre dans le compte-courant de deux personnes non commerçantes. Toute créance qui rentre dans un compte de ce genre perd son individualité pour se fondre dans la masse commune. Nous pensons donc que la créance dont il s'agit, quoique de nature commerciale à l'origine, cessera de l'être si l'ensemble des relations n'est pas commercial. La réciproque serait également vraie. Deux négociants sont en compte-courant pour opérations de leur négoce. Ils font entrer dans leur compte une créance d'un caractère tout à fait civil, qui se dénature en y entrant. Ceci pouvait soulever quelques objections, à cause de l'article 2063 du Code Napoléon, qui défendait de se soumettre par convention à la contrainte par corps. Rien ne s'oppose plus aujourd'hui à la solution que nous proposons, et que d'ailleurs la jurisprudence a adoptée (Cass. 8 mars 1853. J. du Pal. 53. 1. 668).

Rien, suivant nous, n'est plus propre à faire comprendre ce qui constitue le caractère intime du compte-courant, considéré, non comme un contrat, mais comme un moyen de régler les affaires de deux personnes. Confondre toutes les créances dans une masse, et toutes les dettes dans une autre masse, voilà l'essence de cette institution. Si l'on pouvait employer une métaphore un peu vulgaire, on dirait avec raison que tout ce qui entre dans le compte-courant est démarqué par le fait même de son entrée. C'est là le point essentiel, tout le reste est accessoire. M. Feitu (*Revue pratique.* T. 18. p. 387) signale cinq éléments qui, d'après lui, caractérisent le compte-courant. Il faut qu'il y ait remise, faite en toute propriété, à charge de créditer le remettant, avec règlement par compensation des remises respectives. Pourquoi cet entassement de conditions ? Toute espèce de dette peut être portée dans le compte, de quelque source qu'elle provienne, fût-ce d'un délit ou d'une donation. Pour prendre un des exemples cités plus haut, supposons une vente faite par moi à un négociant du Havre, pour 2000 fr. Il est mon débiteur pour le prix: je le débite de 2000 fr. il me crédite de même somme. Il n'y a pas là de remise en toute propriété, il y a une dette que nous portons dans notre compte.

Par là même, on comprend qu'il ne peut entrer dans un compte-courant que des créances et des dettes d'objets de même nature. Il est impossible de réunir, pour en faire une seule masse, une dette de vingt balles de coton avec une dette de mille kilogrammes de sucre. Les plus simples principes de l'arithmétique s'y opposent. Tout doit donc être réduit en somme d'argent pour entrer dans le compte-courant.

Il importe de noter avec soin, dès le début, et pour se faire une idée nette du rapport qui unit les parties, que leur consentement commun doit se reproduire, exprès ou tacite, toutes les fois qu'une de leurs créances vient se fondre dans la masse, pour que cette fusion puisse avoir lieu. Nous aurons occasion de parler de ceci plus loin avec détails, mais il est bon de le signaler ici. Pour chaque valeur qui entre au compte, il se produit une convention des parties : mais nous devons ajouter que leur consentement est souvent tacite, et qu'en général on le présume quand il existe entre elles un compte-courant.

Nous avons à peine besoin de faire remarquer que la loi n'exige, pour l'ouverture d'un compte-courant, aucune condition spéciale de capacité. Chacune des opérations qui y sont portées reste soumise à ses règles parti-

culières. Comme en général ces opérations sont des opérations de prêt, c'est en général aussi aux conditions de
capacité exigées pour ce contrat qu'il faut se référer. La
Cour de Cassation a fait à cet égard une distinction qui
peut être contestée. Il s'agissait dans l'espèce, d'une
femme mariée sous le régime dotal, qui était en compte-
courant avec un tiers. Le mari avait reçu du tiers certaines sommes, sans l'assistance de sa femme. D'autre
part la femme avait reçu aussi certaines sommes, sans
l'assistance de son mari. La Cour de Cassation a jugé que
les versements faits au mari seul ne pouvaient être oppo-
sés à la femme, parce que celle-ci n'était pas créancière
au moment où ils avaient été faits, et qu'ainsi ils ne
pouvaient avoir le caractère de paiements. Elle a décidé
de même que les versements faits à la femme seule ne
pouvaient la constituer débitrice, en vertu de l'article 217
(Cass. 19 août 1857. Palais. 58, 983). D'après cette
théorie, il faudrait rechercher toujours comment se sol-
dait le compte au moment où les versements ont été
opérés, pour les envisager comme des prêts dans le cas
où celui qui les a reçus se trouvait débiteur, et comme
des paiements au cas où il se trouvait créancier. Une pareille décomposition est contraire à la nature de l'institution qui nous occupe. Jusqu'au jour du règlement, on
ne sait ni qui est créancier, ni qui est débiteur. Il est
encore plus logique de considérer les opérations des
parties comme des prêts réciproques, destinés à être ba-

lancés, que comme des prêts et des paiements alterna-
tifs. Nous pensons donc qu'il faut toujours avoir la capacité
de s'obliger pour recevoir valablement en compte-courant.

Nous avons dit à combien de relations diverses le
compte-courant peut fournir un cadre. On se trouve
fort embarrassé quand on essaie de classer méthodi-
quement ces relations. Le compte ouvert par un banquier à un client se distingue bien par quelques
points de celui qui a lieu entre deux commerçants. L'un
a pour fondement une idée de prêt, l'autre une idée de
services réciproques. L'un a une tendance plus marquée
que l'autre à franchir les limites qui séparent l'intérêt
permis de l'intérêt usuraire. Mais il n'y a dans tout cela
rien d'assez fixe pour qu'on y puisse asseoir une division
rationnelle. Entre les deux types extrêmes de ces deux
sortes de comptes-courants, il y a une infinité de nuances
qui échappent à l'analyse. Qu'on prenne même le compte
ouvert par un banquier, il peut avoir, selon les circonstances, des caractères très différents. Il peut être précédé
d'une ouverture de crédit, et alors le banquier prend,
dès l'origine, le caractère de prêteur. Mais il peut aussi
s'ouvrir par un dépôt que fait le client, et alors la situation des parties n'est plus du tout la même. Ce dépôt
peut, lui aussi, être de diverses natures. Quelquefois le
déposant le fait pour sa commodité personnelle, afin de
n'avoir pas à faire de paiements à la maison. Il donne à

ses créanciers des chèques qu'il tire sur son banquier. C'est le système qui est employé avec tant de succès en Angleterre, où toutes les affaires se règlent, presque sans le secours du numéraire, par un échange de chèques entre les banquiers. D'autres fois il est convenu que le déposant ne pourra pas retirer ses fonds à la première réquisition : ce qui revient à dire que le banquier pourra en faire usage ; le déposant reçoit alors un intérêt, qui n'est pas très-élevé, 2 ou 3 0⁄0. Nous avons alors l'idée de dépôt combinée avec celle de prêt. Nous ne donnons ici que des exemples de toutes les relations possibles, sans prétendre les analyser avec détails.

La difficulté d'un sujet comme celui que nous abordons n'est donc pas la rareté des matières ou la complication des questions. Les lois positives sont absolument muettes sur le compte-courant. C'est à peine si l'on peut trouver dans un ou deux articles du Code de commerce une mention de son usage. A défaut de textes, il s'est formé sur le compte-courant une jurisprudence dont les monuments sont très-nombreux, surtout de 1840 à 1855. Il s'est produit pendant ces quinze années, une sorte de travail législatif sur notre sujet dans le sein des tribunaux. C'est alors principalement que se sont agitées les graves questions que soulève cette matière, et que la pratique commerciale, dans le silence du Code de commerce, a cherché à lutter contre les principes du droit civil. Elle a triomphé sur la plupart des points, et la jurisprudence a dû céder plus d'une fois devant les besoins et les nécessités du commerce. Aujourd'hui, il semble que cette période de formation soit terminée. Le nombre des procès relatifs à des comptes-courants a diminué dans les derniers temps, parce que beaucoup de solutions, autrefois douteuses, sont désormais acquises, et qu'on ne les conteste même plus. On peut donc essayer de résumer ce qui s'est fait jusqu'à présent, et les matériaux d'une étude complète ne manquent pas.

Ce qui crée l'embarras, c'est le vague de l'idée du compte-courant, et l'impossibilité de toute définition rigoureuse. Quand on a indiqué cette idée fondamentale de la fusion en un seul tout de toutes les créances et de toutes les dettes, on a fourni la seule définition qui puisse être donnée. Tout le reste est accessoire. Tout ce que l'on pourrait dire ensuite serait propre à telle ou à telle des situations diverses qui peuvent se refléter dans un compte-courant, sans être le compte-courant lui-même.

Nous étudierons donc avant tout, et avec tout le soin possible, cet effet capital du compte-courant, la confusion en une seule masse des divers éléments qu'on y fait entrer : confusion qui amène de graves modifications aux principes ordinaires de l'imputation des paiements, de la novation des créances, de la compensation.

Il y a certains articles dont l'insertion dans le compte-courant n'est pas définitive, qui par conséquent ne viennent s'y confondre que conditionnellement. L'opération de la clause sauf encaissement sera l'objet d'un second chapitre.

Nous nous occuperons ensuite des intérêts et du droit de commission, et des limites dans lesquelles leur perception est permise.

Nous terminerons par quelques mots sur la clôture des comptes-courants.

DEUXIÈME PARTIE

CHAPITRE PREMIER

CONFUSION EN UNE SEULE MASSE DES ARTICLES PORTÉS AU COMPTE-COURANT

I. — Deux personnes sont en compte-courant. L'une envoie à l'autre une somme d'argent sans en indiquer l'emploi. Celle qui a envoyé l'argent est créditée de la valeur de son envoi, et la créance qui en résulte pour elle vient se fondre dans le compte-courant. Rien n'est plus simple que cette opération.

Mais il est rare que les choses se passent ainsi. Pour qu'une créance, abdiquant son individualité, aille se perdre dans l'ensemble d'un crédit ou d'un débit, il faut que les parties l'aient voulu. Dans l'exemple qui vient d'être cité, cette volonté n'était pas douteuse. Mais elle n'est pas toujours aussi certaine. Le consentement originaire, donné au moment où le compte a commencé, ne suffit pas; il faut qu'il se reproduise pour chacun des articles. Seulement, on le présume le plus souvent. Voici, pour éclaicir ce point, deux hypothèses de fait qui se sont présentées.

Un négociant de Marseille a un compte ouvert chez un banquier de Paris. Le 1er juin 1845, il se trouve débiteur de 20,000 fr.. A ce moment il envoie à son créancier une valeur de 12,185 fr.. S'il fait cet envoi sans rien dire, on va le créditer d'autant dans son compte-courant. Mais il écrit que ces 12,185 fr. sont spécialement destinés à couvrir un crédit qu'il ouvre lui-même à un tiers. Ceci revient à dire qu'il n'entend pas faire entrer cette somme dans le compte-courant, qu'il veut conserver à sa créance de 12,185 fr. son existence propre, et la céder à un tiers. Le banquier proteste : il soutient que la somme doit entrer dans le compte-courant. Il perd son procès, parce que le consentement des deux parties n'étant pas intervenu, l'affectation spéciale donnée à son envoi par le Marseillais empêche la créance résultant de cet envoi d'aller se perdre dans le compte (Paris, 10 mars 1846. Palais 46, 2, 191).

Il s'agit encore, dans la seconde espèce, d'un banquier et d'un autre commerçant. Le banquier a ouvert à son client un crédit, garanti par une hypothèque, et il y a compte courant entre les parties. Un commis du client, au moyen d'une lettre fausse, se fait verser des fonds par le banquier, et les détourne. Deux questions se posent ici. D'abord, l'envoi fait par le banquier peut-il être considéré comme fait au patron en vertu de l'ouverture de crédit ? C'est ce qu'a décidé la Cour de cassation (18 février 1861, Pal. 62-388) par le motif que « l'envoi d'espèces rentrait dans les opérations prévues par la convention des parties ». On a contesté ceci, et avec assez de raison. Sans doute, l'envoi d'espèces rentrait dans le genre d'opérations que les parties avaient l'intention de faire. Mais cela ne suffit pas. L'envoi d'espèces a-t il été valablement fait ? Il est évident que non, puisqu'il a été fait sur une fausse cause (une lettre fabriquée) et que le correspondant ne l'a pas reçu. Que le banquier invoque l'article 1384 du Code Napoléon, et rende le préposant responsable de la fraude du préposé, à la bonne heure. Il y a là une responsabilité engagée, et l'action du banquier, ainsi fondée, est des plus légitimes. Mais c'est ici que s'élève notre seconde question. Le banquier peut-il porter dans son compte-courant, au débit de son correspondant, la créance qu'il a contre celui-ci en vertu de l'article 1384 ? On comprend l'intérêt qu'il y trouve, le crédit étant garanti par une hypothèque. Appliquons les principes posés plus haut. Peut-on dire que le consentement des deux parties soit intervenu pour fondre dans la masse du compte la créance particulière dont il s'agit ? Certes non. Dès lors elle ne peut pas y entrer, et le banquier aura une simple action personnelle pour en poursuivre le paiement.

La Cour de cassation a poussé l'application de cette théorie plus loin peut-être que nous n'irions nous-mêmes Elle avait à juger récemment une espèce dans laquelle un banquier, ouvrant un crédit, avait stipulé formellement qu'il aurait le droit d'affecter à son crédit toutes les remises, sans exception, qui proviendraient du crédité. Il a été décidé, malgré cette clause, que le crédité, en envoyant une traite, pouvait l'affecter spécialement à une destination déterminée, c'est à dire la tenir en dehors du compte (Cass. 4 avril 1865, Pal. 65, 373). Le correspondant, qui est libre de ne pas envoyer la traite, peut l'envoyer sous telle condition qu'il veut, malgré une renonciation antérieure.

Dans toutes les questions de ce genre, c'est à l'intention des parties qu'il faut se référer. Cette intention est souvent assez claire, à raisons des circonstances. Supposons par exemple que l'un des correspondants, se trouvant débiteur par compte-courant, a envoyé à l'autre un certain nombre de valeurs, en l'avisant, par la lettre même d'envoi, qu'il tirait sur lui pour une somme équivalente. Cela ne veut-il pas dire, en d'autres termes : je ne destine pas ces valeurs à payer ce que je vous dois, mais à payer les lettres de change que je tire sur vous ? Le correspondant peut prendre alors divers partis. Il n'a sans doute pas le droit d'appliquer ces valeurs à son crédit, de sa propre autorité, et malgré la volonté de l'envoyeur. Mais il peut refuser d'accepter les traites, et protester ainsi contre l'affectation spéciale qui détourne les valeurs du compte-courant. Si au contraire il accepte, et surtout s'il écrit au tireur, en réponse à sa lettre, qu'il fera bon accueil aux traites, il renonce par là à réclamer contre l'affectation. Il ne peut y avoir de difficulté que dans le cas où le tiré garde le silence. Nous serions d'avis que ce silence entraîne, lui aussi, acceptation implicite de la destination spéciale donnée aux valeurs, et que le récepteur ne peut plus venir déclarer ensuite, en cas de faillite de l'envoyeur, qu'elles sont entrées dans le compte-courant. Le tribunal de commerce de la Seine a admis une solution contraire (30 décembre 1859, Journal de Teulet et Camberlain 1860, p. 89). Mais il ne s'est pas appuyé pour cela sur le consentement donné par le récepteur. Il a pensé que, dans l'espèce, il n'y avait pas indication suffisante d'une affectation spéciale, même dans l'esprit de l'envoyeur. L'envoi des valeurs et l'avis des traites étaient contenus dans la même lettre; le tribunal a jugé que cela ne suffisait pas pour montrer que les valeurs dûssent rester en dehors du compte-courant. C'est là le motif qui l'a guidé.

Une circonstance qui influe beaucoup sur ces interprétations de volonté, parfois délicates, c'est l'état même du compte-courant. Si celui qui envoie des titres ou de l'argent est déjà en avance dans son compte, et se trouve créancier au moment de l'envoi, on présumera beaucoup plus difficilement l'affectation spéciale, puisque cette affectation n'était pas nécessaire pour donner une provision aux traites. On admettra au contraire avec beaucoup de facilité que tel a été le motif déterminant de l'envoi, quand le récepteur sera créditeur par compte-courant.

Il sera question plus loin de l'intérêt très-grave qu'offrent, en cas de faillite du récepteur, ces questions d'entrée dans le compte-courant. Nous ne parlons ici que de la confusion des créances, et non de la transmission de propriété. L'article 574 et la première partie de l'article 575 du Code de commerce ne parlent que de propriété, soit d'effets, soit de marchandises.

Mais la seconde partie de l'article 575 est précisément relative à cet effet du compte-courant que nous étudions en ce moment. Le négociant qui a envoyé des marchandises à son correspondant pour que celui-ci les vende pourra en revendiquer le prix si ce prix n'a été ni payé, ni réglé en valeurs, ni compensé en compte-courant entre le failli et l'acheteur. Voilà donc un cas, et des plus simples, où il y aura grand intérêt à savoir si une créance est entrée ou non dans le compte-courant. Cet intérêt n'existera pas pour les parties en compte, mais pour un tiers; celui-ci essaiera par tous les moyens de prouver que la créance du prix de vente est restée en dehors du compte, et que par conséquent il peut la revendiquer. Nous aurons à parler plus loin du mot : compensé, qui se trouve dans la seconde partie de l'article 575, et à montrer quelle en est la véritable signification.

Dans l'hypothèse précédente, c'était un tiers, le commettant de l'une des parties en compte, qui avait intérêt à prouver que telle ou telle créance n'était pas venue se fondre dans la masse du crédit ou du débit. Il ne serait pas difficile de concevoir des cas où les parties elles-mêmes sont intéressées à faire cette preuve. Supposons que le solde d'un compte ouvert soit garanti par une hypothèque, le créditeur cherchera sans doute à faire entrer dans le compte toutes les créances, simplement chirographaires, qu'il pourra avoir contre le crédité. Que si au contraire le compte n'est pas garanti par une sûreté hypothécaire, et que le créditeur se trouve avoir, par une cause étrangère aux relations du compte, une créance hypothécaire contre le crédité, il aura tout à perdre, et rien à gagner, à la confusion de cette créance dans le compte-courant. Dans l'une comme dans l'autre de ces deux hypothèses, nous croyons que la volonté d'une seule des deux parties serait impuissante à opérer cette confusion. Il faut un accord commun. Cet accord est tout naturellement sous-entendu pour les créances qui procèdent de la cause même du compte courant. Mais on ne peut le sous-entendre pour les créances qui procèdent d'une cause étrangère. Ainsi, deux personnes sont en compte. L'une d'elles devient héritière d'un créancier de l'autre. La dette ainsi transmise conserve son individualité jusqu'au jour où elle entre dans le compte-courant, et elle n'y peut entrer que du consentement des deux parties.

II. — Nous venons d'indiquer l'une des causes qui

peuvent s'opposer à la confusion en une seule masse des dettes diverses ou des créances diverses: — l'absence d'un consentement commun. Nous arrivons à une seconde cause, qui peut produire le même effet, du moins pour partie. La créance a été, nous le supposons, insérée dans le compte, de l'aveu du créancier et du débiteur, qui ont été d'accord pour opérer la confusion. Entre eux l'effet du compte-courant est parfait. Mais il peut se faire que des tiers soient interressés à ce que cet effet ne se produise pas, et comme les conventions n'ont d'effet qu'entre les parties, il pourra y avoir lieu de rechercher, malgré l'indivisibilité du compte, tel ou tel article qui doit être traité différemment des autres.

Prenons immédiatement un exemple, d'une application pratique. Un négociant de Bordeaux et un négociant de Paris sont en compte-courant. Leur compte s'arrêtera au 1er juillet. Le 15 mai, le Bordelais tire une lettre de change sur le Parisien, au profit d'un tiers. Y a-t-il provision ? Oui, d'après l'article 116, si à l'échéance le tireur est créancier du tiré pour une somme égale au moins au montant de la traite. Supposons que l'échéance soit au 1er juin. Si, à ce moment là, le compte se solde au profit du tiré, il y a provision. Nous voici donc obligés, non pas au point de vue des relations des deux correspondants, mais à cause du porteur de la traite, qui est un tiers, d'examiner le compte pendant qu'il court, et de le régler, par la pensée sinon par l'écriture, avant le 1er Juillet, époque où il sera arrêté. Ceci ne se présente que s'il n'y a pas eu affectation spéciale d'une valeur au paiement de la traite: car alors cette valeur serait restée en dehors du compte. Un arrêt de la Cour de cassation (17 juil. 1841, Pal. 41, 2, 341) semble dire que dans l'hypothèse que nous examinons actuellement il n'y a pas provision, parce qu'on ne peut pas dire, avant l'arrêté du 1er juillet, que l'une des parties est débitrice de l'autre. Mais dans l'espèce sur laquelle cet arrêt a été rendu, il pouvait y avoir, en fait, incertitude sur l'existence de la dette au moment de l'échéance, en sorte que la question de droit n'a pas été nettement tranchée. La même Cour a rendu le 11 Mai 1853 (Pal. 54, 2, 543), une décision plus expresse, dans le même sens que la première. Débiteur du tireur au moment de l'échéance, le tiré s'était libéré après l'échéance. La Cour suprême a jugé qu'il n'y avait pas eu provision parce que la dette du tiré n'avait pas été exigible au moment de l'échéance. Mais là encore, une circonstance spéciale a déterminé la décision: c'est la libération du tiré, survenue depuis l'échéance de la lettre. Dans une autre espèce, où le tiré se trouvait encore débiteur, au moment de l'arrêté du compte, comme il l'avait été au moment de l'échéance, la Cour de cassation n'a pas hésité à reconnaître le droit du porteur sur cette dette, qui formait provision (Cass. 20 juin 1854, Pal. 54, 2, 537). Il est difficile de prévoir ce que penserait la Cour de cassation dans une espèce où le tiré, ayant été débiteur au moment de l'échéance, se serait libéré, puis serait redevenu débiteur au moment de l'arrêté de compte. La question serait délicate. Faudrait-il faire prévaloir l'idée de libération, comme l'arrêt de 1853, ou l'idée d'existence de la dette au double moment de l'échéance et de l'arrêté, comme l'arrêt de 1854? Il nous paraît certain que le moment de l'échéance fixe l'existence de la provision, qu'il y ait ou non compte-courant. Les versements que pourra faire ultérieurement le tiré ne sont pas des paiements de sa dette antérieure : ce sont de nouvelles remises, qui ne portent aucune atteinte au droit acquis de celui qui a la lettre de change entre les mains. Nous supposons, dans tout ce qui précède, que le tiré n'a pas accepté. Nous admettons aussi, sans avoir à le démontrer ici, le droit du porteur sur la provision en cas de faillite du tireur. C'est surtout ce droit du porteur, s'il est reconnu, qui lui donne un très-grave intérêt dans la solution de la question qui nous occupe. Nous pensons donc que vis-à-vis du porteur, qui est un tiers, et pour savoir s'il y a provision, il faut arrêter fictivement le compte au moment où la lettre de change est venue à échéance.

Une difficulté du même genre s'est soulevée il y a quelques années. Deux personnes étaient en compte-courant. L'une d'elles avait fait à son fils une donation de biens présents et à venir. Elle y avait joint l'état des dettes existant au moment de la donation, comme l'exige l'article 1084 du Code Napoléon ; mais elle n'avait pas compris dans cet état la balance de différents comptes, qui ne furent arrêtés que plus tard, mais qui, au jour de la donation, se soldaient contre le donateur. N'étaient-ce pas là de véritables dettes, dont il aurait fallu faire mention pour que l'état annexé fût complet ? La Cour de Montpellier l'a pensé, et la Cour de cassation après elle, (Monpellier, 7 décembre 1860 — Cass 13 novembre 1861). Sans doute, il n'y a pas dette ou créance entre les parties tant que l'époque de l'arrêté de compte n'est pas venue : mais quand il s'agit d'un acte comme celui qu'exige l'article 1084, d'une sorte d'inventaire des dettes et charges, on ne peut passer sous silence l'existence de soldes qui peuvent être fort considérables. Il faut donc alors déterminer, par un arrêté fictif, à quel point en est le crédit ou le débit. Il est bien entendu d'ailleurs que cette simple mention, faite pour satisfaire à l'article 1084, n'aura pas pour effet de changer entre les parties les conditions du compte, et de rendre exigible ce qui ne l'était pas.

Un crédit a été ouvert par un banquier, jusqu'à concurrence de 100,000 fr. Il est convenu que le compte sera arrêté dans six ans, et une hypothèque est donnée pour en garantir le solde. Au bout des six ans, le banquier se trouve créditeur de 150,000 fr. mais on n'arrête pas le compte, qui continue à courir pendant quelques années encore, et se ferme enfin, laissant le banquier créditeur de 50,000 fr. auxquel il prétend appliquer sa garantie

hypothécaire. Mais il rencontre d'autres créanciers, hypothécaires ou non, qui lui disent: votre compte était garanti
pour six ans, et non pour huit: vous auriez été couvert, à
ce moment-là, jusqu'à concurrence de 100,000 fr., mais
aujourd'hui votre hypothèque ne peut plus s'appliquer à
rien. Il y a eu, depuis l'expiration de la sixième année,
des fluctuations de compte, des remises réciproques, qui
font que votre créance d'aujourd'hui n'a plus rien de
commun avec votre créance d'il y a deux ans, ou plutôt
avec la créance que vous auriez eue si vous aviez arrêté
votre compte il y a deux ans. — On voit ce qu'il
y a de curieux dans cette position. Les espèces précédentes nous ont montré les tiers demandant l'arrêté fictif
du compte à un moment donné, et les parties en compte,
ou du moins l'une d'entre elles, invoquant l'indivisibilité. La question ici n'est plus tout à fait la même. Les
créanciers hypothécaires acceptent aussi le principe de
l'indivisibilité ; ils disent seulement : ce qui est dû aujourd'hui est différent de ce qui était dû il y a deux ans:
il pouvait y avoir une hypothèque garantissant le solde
d'il y a deux ans; il n'y en a pas pour le solde actuel.— Si,
au lieu de diminuer entre l'époque fixée par la convention
pour l'arrêté du compte et l'époque de l'arrêté réel, le solde
avait augmenté, les créanciers auraient soutenu de même
que l'hypothèque était absolument perdue et qu'elle ne
couvrait même pas la créance du solde jusqu'à concurrence de ce qui avait pu être dû à l'époque convenue

pour l'arrêté. On ne peut plus reconnaître dans la somme qui se trouve dûe au moment de l'arrêté du compte, la trace de telle ou telle dette qui s'est trouvée exister antérieurement, et qui est venue se fondre dans le compte. Ce système est soutenu avec beaucoup de force dans une consultation de M. Sénard (*Journal du Palais*, 5', 1, 67), et nous croyons qu'il est conforme à la raison parce que, quel que soit le point de vue auquel on se place, l'hypothèque doit être regardée comme éteinte. Si l'on admet l'indivisibilité du compte, il est certain que l'on ne peut distraire de cette masse unique d'opérations telle ou telle situation déterminée pour y attacher une garantie spéciale, en vertu d'un arrêté fictif. Si au contraire, et nous avons montré plus haut que ceci est la bonne façon de raisonner, si on est d'avis que l'indivisibilité du compte ne peut être opposée aux tiers, les créanciers acceptent volontiers ce point de départ : mais il faut bien leur accorder aussi que la dette qui existait il y a deux ans a été éteinte par les versements qui ont suivi, et que la dette actuelle est toute différente de l'ancienne. En sorte que de toutes les manières leur prétention est justifiée. — La Cour de Paris leur a cependant donné tort et a pensé que l'hypothèque garantissait le solde définitif (Paris 21 décembre 1852, Pal. 53, 1, 182). M. Feitu (*Revue pratique* t. XXII, p. 542) essaie de justifier, sans y bien réussir, cette théorie de la Cour de Paris. On ne comprend guère comment, au moment même où il écrit : « dans certains cas, lorsque l'intérêt des tiers est en jeu, il peut être nécessaire de diviser le compte en plusieurs périodes, » il approuve une décision qui a pour unique motif l'indivisibilité du compte opposée à des tiers.

La jurisprudence, tout en reconnaissant en thèse générale que l'unité du compte-courant ne peut être opposée à des tiers, a cependant refusé de protéger, contre l'application de ces règles du compte, des coobligés ou des cautions, à qui l'application de ces règles portait préjudice. Ainsi j'ai cautionné une dette portée au compte courant, et cela après qu'elle y a été portée, sans quoi je pourrais me prévaloir de la novation. Puis les relations de compte se poursuivent, sans que j'y prenne part, et le compte se solde contre celui que j'ai cautionné. Peut-on s'adresser à moi, en prétendant que mon cautionnement porte sur le solde ? La Cour de Bordeaux a admis l'affirmative (8 avril 1842. Pal. 44, 1, 27), et nous pensons qu'elle a eu raison : mais les motifs qu'elle a donnés, et que M. Feitu approuve et reproduit (*Rev. prat. t,* XXII, p. 536) ne justifient guère cette solution. On ne peut, dit-elle, même dans l'intérêt de la caution, imputer les remises ultérieures sur la dette cautionnée : la caution ne peut opposer d'autres exceptions que celles qui appartiennent au débiteur principal, et comme celui-ci ne pourrait invoquer, en matière de compte courant, les règles ordinaires de l'imputation des paiements, la caution ne peut pas les invoquer davantage. Raisonner ainsi, c'est s'exposer à une objection très-forte. La voici : il s'agit là d'une exception que le débiteur principal pourrait opposer aussi. La caution a garanti telle ou telle dette, individualisée. Si le créditeur s'adressait au débiteur pour lui demander le paiement de cette dette, le débiteur lui répondrait : mais cette dette n'existe plus : elle s'est fondue dans le compte, et vous ne pouvez me demander autre chose que le solde de ce compte. Il invoquerait donc l'extinction de son obligation. La caution ne fait pas autre chose, et comme elle ne s'est pas engagée pour le solde, elle est absolument libérée. On en arrive là si l'on envisage la situation comme l'a fait la Cour de Bordeaux. Mais il faut considérer quelle a été l'intention des parties en faisant intervenir la caution pour garantir une obligation que l'on portait au compte. Ce n'était pas sans doute pour quelle fût libérée par la première remise que ferait le débiteur : en donnant ainsi son concours aux opérations du compte-courant, la caution renonce implicitement à se prévaloir des versements ultérieurs que pourra faire le débiteur principal, et à les considérer comme des paiements. C'est pour cela qu'elle reste obligée : sa qualité de tiers n'est pas parfaite, mais il faut quelle ait connu l'état des choses, qu'elle ait su qu'elle garantissait une créance portée en compte-courant, qu'elle se soit volontairement soumise à cette situation, plus onéreuse que la situation ordinaire des cautions.

Lorsque la personnalité de l'une des parties qui étaient en compte-courant vient à se décomposer, par exemple par la mort de l'un des correspondants, laissant plusieurs héritiers, si le compte continue à courir avec l'un de ses cohéritiers, et ne continue pas avec les autres, une situation particulière se produit. Les cohéritiers se sont trouvés tous obligés au paiement du solde tel qu'il se trouvait dû au moment du décès de leur auteur : mais ils ne répondent pas des obligations contractées ensuite par celui d'entre eux qui seul poursuit les relations. Il est dès lors fort logique de dire qu'ils ne peuvent se prétendre libérés, pour leurs parts, au moyen des versements postérieurs que fait leur cohéritier. Ces versements ne sont pas des paiements, et ils ne peuvent s'en prévaloir. Ils sont des tiers, si l'on veut, mais des tiers qui n'ont point contracté avec les parties, de simples coobligés, et par conséquent on peut leur opposer à bon droit l'indivisibilité du compte.

Ces principes doivent s'appliquer si, au lieu de supposer la mort de l'un des correspondants, nous supposons que le compte courait avec une communauté. La femme vient à mourir, laissant des enfants mineurs; il n'y a ni liquidation, ni partage. Les opérations du compte-courant sont continuées par le mari pendant quelques années. Au bout de ce temps, les créanciers par compte-courant s'adressent aux enfants, prétendant que ceux-ci sont débiteurs pour moitié des soldes qui pouvaient se trouver dûs au moment de la mort de leur mère. Les enfants résistent et soutiennent que leur dette a été payée par les versements que leur père a faits depuis le décès de la mère. Ils demandent qu'on applique les principes ordinaires de l'imputation des paiements. A quoi les créanciers opposent l'indivisibilité du compte-courant, et l'impossibilité qui en résulte, de considérer comme des paiements les versements faits par leur débiteur. La Cour de Rouen (21 mai 1838, Pal. 39, 1, 588), a refusé de soustraire le compte-courant aux règles ordinaires de l'imputation. Nous verrons tout à l'heure qu'entre les parties, et lorsque d'autres intérêts que les leurs ne sont point engagés, il faut laisser de côté les principes ordinaires de l'imputation et de la compensation. Mais ici une difficulté particulière se produit, parce qu'il y a des tiers, les enfants mineurs, ayant intérêt à ce que la dette de la communauté soit éteinte. La Cour de Rouen a néanmoins bien jugé, dans l'espèce, et la Cour de cassation a rejeté avec raison le pourvoi formé contre l'arrêt de Rouen (Cass. 3 avril 1839. Pal.39, 1, 589). Les enfants étaient, il est vrai, des tiers intéressés, mais des tiers sans droit. Ils prétendaient que leur dette avait été payée par leur père : ils s'autorisaient, par conséquent, de ce qu'avait fait celui-ci. Mais leur prétention manquait de logique. Du moment qu'ils invoquaient les relations qui avaient continué entre leur père et ses correspondants, ils devaient leur laisser leur véritable caractère de relations de compte courant Ces versements ultérieur étaient vis-à-vis des enfants *res inter alios acta*, et puisque l'auteur de ces versements comme ceux qui les avaient reçus s'étaient accordés pour ne pas les faire à titre de paiements, personne n'avait le droit de leur attribuer une autre portée. Les enfants n'auraient pas même pu se prétendre libérés s'ils avaient été codébiteurs solidaires de leur père. Dans l'espèce, ils étaient débiteurs pour une moitié, et ne pouvaient se prévaloir de paiements qui n'avaient pas existé.

Il ne faut donc pas exagérer ce principe que l'indivisibilité du compte-courant n'est pas opposable aux tiers. Dans certains cas, et nous venons d'en voir quelques exemples, la masse du compte subsiste, et le simple intérêt d'un tiers ne suffit pas à la désagréger.

C'est ce qui se passe pour la saisie-arrêt. Quand des relations d'affaires existent entre deux commerçants, le créancier de l'un d'eux ne peut, au moyen d'une simple opposition, mettre à part une des créances, et l'empêcher d'entrer dans le compte. C'est un effet naturel des principes que nous connaissons déjà. Jusqu'au jour de l'arrêté du compte, les créances qu'on y porte ne sont, ni exigibles, ni liquides : elles ne sont que des éléments qui serviront à calculer le solde. Le créancier, qui a pour gage tous les biens de son débiteur, et qui pratique la saisie-arrêt en vertu de ce droit général de gage, doit prendre ces biens comme ils sont. Or un article du compte n'est pas encore, à proprement parler, une créance, et en tous cas n'est pas une créance sur laquelle on puisse exercer un droit avant le jour de l'arrêté. Cette solution a été consacrée, pour certains établissements, par un texte législatif. L'article 33 de la loi du 24 germinal an XI porte : « aucune opposition ne sera admise sur les sommes en compte-courant dans les banques autorisées. » Un arrêt de la Cour de Paris (27 Janvier 1855, Pal. 55, 1, 299) a généralisé cette règle. Voici les principaux motifs de sa décision : « Considérant que le droit accordé au créancier par l'article 557 du Code de procédure civile de saisir, entre les mains d'un tiers, les sommes ou effets appartenant à son débiteur, suppose dans la personne du débiteur saisi un droit préexistant de propriété et de libre disposition sur les objets saisis, et dans la personne des tiers un défaut de droit ou d'intérêt sur la chose saisie ; qu'en matière de crédit et de compte-courant le droit d'opposition ne peut s'exercer au préjudice du créditeur ou du crédité, soit pour arrêter le cours des opérations convenues entre eux, soit pour détourner les valeurs respectivement engagées de la destination qui leur a été assignée par la convention : — que les engagements en cette matière sont réciproques et indivisibles, et que, lorsqu'ils ont été légalement formés par un débiteur, l'exécution n'en peut être entravée par le créancier, sauf le droit de celui-ci sur le solde qui pourra revenir à son débiteur... ». M. Noblet (Des comptes-courants, n° 75) fait observer que la saisie-arrêt ne serait point nulle, mais qu'elle ne pourrait produire son effet que sur le solde du compte. Ceci même est fort douteux. Le créancier a saisi une créance: le solde du compte n'a aucune identité avec cette créance, qui a sans doute contribué à le former, mais qui ne se confond pas avec lui. Il serait donc beaucoup plus prudent de renouveler la saisie, une fois le compte arrêté, et en la faisant porter spécialement sur le solde du compte.

Telles sont les principales restrictions qu'il faut apporter à l'effet ordinaire du compte-courant. La confusion des divers articles en une seule masse ne s'opère pas toujours. Quelquefois elle est entravée par la volonté des parties, quelquefois par l'intérêt des tiers. Nous avons maintenant, laissant de côté ces circonstances spéciales, à examiner de plus près ce fait juridique de la confusion. Il se traduit sous trois aspects principaux, qui serviront à le mettre en lumière: novation des dettes, impossibilité de compenser, impossibilité d'appliquer les règles du paiement. Ce sont là les points sur lesquels notre étude doit porter.

III. Lorsqu'une créance, existant déjà antérieurement, est portée au compte-courant, cette inscription l'éteint. Le mode d'extinction n'est pas la compensation: car l'extinction se produirait quand même le débiteur de la créance portée au compte ne serait pas créancier par ce compte au moment où la mention y est faite. C'est une véritable novation qui s'opère. L'ancienne obligation cesse d'exister: elle est remplacée, non pas même par une créance proprement dite, mais par un article de crédit.

Les auteurs se demandent si l'écriture, c'est-à-dire la mention sur les livres, est une condition essentielle de cette novation. MM. Delamarre et le Poitvin le pensent, et ils ont raison. M. Feitu (n° 162, 163) est d'un avis contraire. On ne comprend pas bien ce que signifie, dans son système, une novation qui se produit, non pas par l'insertion au compte mais par la simple promesse d'in_sertion au compte. Tout cela est confus et plonge l'esprit dans des abstractions qui l'embarrassent. Il est inutile de parler de contrat réel et de contrat littéral. La mention d'une créance au compte courant entraîne extinction de cette créance: seulement il faut que cette mention soit faite, et qu'elle le soit du consentement des deux parties. Voilà la règle, et elle est fort simple. Maintenant, s'il y a eu un accord préalable, et que les parties soient convenues de porter la créance au compte, il suffira que l'acheteur ait crédité le vendeur du prix pour que le vendeur ne puisse plus demander la résolution pour défaut de paiement. Si néanmoins le vendeur intentait une action, l'acheteur lui opposerait la convention antérieure et la mention faite. Nous ne voyons pas ce qu'il peut y avoir là-dedans d'embarrassant pour M. Fei tu. D'après lui, l'opinion que l'inscription est nécessaire mène à un résultat inique. Il suppose une vente, suivie de la convention faite entre acheteur et vendeur de passer le prix en compte. L'acheteur oublie de créditer le vendeur et le vendeur s'abstient frauduleusement de débiter l'acheteur, afin de pouvoir demander la résolution. Pourra-t-il argumenter du défaut de paiement du prix, et faire résoudre la vente? Nous croyons fermement que non. Mais M. Feitu pense qu'avec le système que nous adoptons on est amené inévitablement à dire oui. C'est une illusion. Rien n'empêchera l'acheteur, sa convention à la main, d'opérer son inscription quand il se verra actionné par le vendeur, et par là tout sera réparé; la novation se produira. Il n'y aura pas à parler de tradition virtuelle, ou effective: il y aura simplement à dire: nous étions convenus de porter ma dette au compte; je l'y porte, et par conséquent l'action qu'on m'intente, à moi acheteur, n'a pas de raison d'être.

Nous avons déjà eu l'occasion de dire qu'une créance, de nature civile, peut se trouver commercialisée par sa fusion dans le compte-courant (Orléans, 14 juillet 1847. Pal. 47. 2 551. *Cass.* 8 mars 1853. Pal. 53. 1. 668).

Mais il y a une autre conséquence de la fusion, devant laquelle la jurisprudence a hésité. L'art. 420 du Code de procédure donne au demandeur, en matière commerciale, l'option entre une triple compétence, celle du domicile du défendeur, celle du lieu où la promesse a été faite et la marchandise livrée, celle du lieu où le paiement devait être fait. On porte au compte-courant une créance. Supposons que cette créance soit d'un prix de vente, qui doit être payé à Tours, le débiteur demeurant à Paris. Si l'insertion au compte-courant n'avait pas eu lieu, il est certain que le vendeur aurait pu intenter son action devant le tribunal de Tours. Mais l'insertion a eu lieu : la novation s'est faite : quand on arrêtera le compte, le vendeur pourra-t-il réclamer le solde devant le tribunal de Tours.? Non, car ce n'est plus la même dette. Il est créancier aujourd'hui d'un reliquat de compte, et non plus d'un prix de vente. (En ce sens, *Pardessus*. T. 4. page 33. *Orillard, compétence commerciale*, n° 613. — Bordeaux, 18 avril 1832, Pal. à sa date). Il faut remarquer cependant que si toutes les opérations dont le compte se compose étaient de même nature et entraînaient toutes, sans aucune exception, une compétence spéciale, cette compétence pourrait s'appliquer aussi au solde : on traiterait alors le compte, pris dans son ensemble, comme une de ces opérations. Mais il faut pour cela qu'il ne se soit glissé dans le crédit ou le débit aucune créance dont le paiement puisse être poursuivi au domicile seul du défendeur. Notons aussi que quand, en commençant leurs relations, les parties sont convenues que le solde sera payé en tel ou tel endroit, l'action peut aussi être intentée en cet endroit. Nous sommes alors en plein dans le troisième cas de l'article 420 du Code de procédure civile.

En y regardant de près, on trouve que les arrêts qui ont été cités comme contraires à la théorie que nous venons d'exposer, la confirment plutôt qu'ils ne la combattent. Ainsi l'arrêt de la Cour de Poitiers, du 28 juin 1832 (Journ. du Pal. à sa date), s'exprime ainsi : « attendu qu'il n'est pas justifié qu'il ait existé entre les parties d'autres opérations ou négociations que celles relatives aux grains vendus et livrés dans l'arrondissement de Rochefort ». Cette circonstance spéciale devait, sans aucun doute, influer sur la décision des juges, et il est certain que cette décision aurait été différente s'il s'était trouvé dans le compte quelques opérations non relatives aux marchés de grains.

Si la contestation porte sur le fait même de l'insertion dans le compte, c'est-à-dire sur le point de savoir s'il y a eu novation, l'article 420 est certainement applicable, et rien n'entrave l'option du demandeur. On ne pourrait le contraindre à agir devant le tribunal du domicile du défendeur sans préjuger la question même qui va être discutée en justice.

La deuxième partie de l'article 575 du Code de commerce est précisément une application de ce principe que la passation en compte courant emporte extinction de l'ancienne créance. J'ai envoyé des marchandises à un correspondant pour que celui-ci les vende, et il les a

vendues à un tiers qui doit encore le prix. Si mon correspondant tombe en faillite, je pourrai m'adresser directement à ce tiers et me faire payer par lui, à condition que
la créance du prix existe encore. Or cette créance n'existerait plus si elle avait été passée en compte-courant entre
le commissionnaire et l'acheteur. Nous n'avons pas à revenir là-dessus.

L'article 575 ne parle pas d'une autre espèce, que l'on
peut comparer à celle-ci. L'acheteur n'a pas payé le commissionnaire, n'a pas réglé en valeurs, n'est pas avec lui
en compte-courant. Mais le commissionnaire, qui est
lui-même en compte avec le commettant, a crédité celui-
ci du prix. Si le commissionnaire tombe en faillite, le
commettant pourra-t-il encore agir directement contre le
tiers ? Il est évident que non. La loi n'a pas parlé de cette
hypothèse. Mais dans la pensée du législateur, clairement
exprimée par l'article 575 lui-même, passation en
compte-courant vaut paiement. Il faut donc traiter le
commettant comme ayant été payé, et dans ce cas sans
doute il ne pourrait plus s'adresser au tiers acheteur. Mais
il faut apporter à ceci une notable restriction. Toute novation en compte-courant suppose le consentement des parties. Si le commettant, prévoyant la faillite de son mandataire, a laissé sa créance en dehors du compte et a pris
soin d'aviser son correspondant qu'il la réservait, son
droit d'action contre le tiers restera entier. L'avis ne serait
même pas nécessaire s'il était démontré que le commis-

sionnaire, par mauvaise foi, s'est hâté de se débiter du prix avant de l'avoir reçu, pour faire tort au commettant. Il y aurait, dans ces circonstances, à examiner la nature des relations, et à voir comment se réglaient les opérations antérieures entre les mêmes parties. Mais il reste certain qu'en principe la passation en compte éteint la créance du commettant.

Par la même raison, si un mandataire a touché des sommes pour le compte de son mandant, et qu'il se débite de ces sommes dans le compte-courant, cette passation équivaut à la restitution effective. Mais ici, plus encore que partout ailleurs, il faut que l'insertion ait été faite du consentement des deux parties. La loi pénale punit celui qui détourne des sommes qu'il a touchées pour autrui à titre de mandataire, ou qu'il a reçues à titre de dépôt. Elle ne punit pas un simple emprunteur qui ne peut pas payer à l'échéance. On comprend dès lors combien la situation serait commode pour un détenteur infidèle s'il lui suffisait, pour pouvoir impunément faire usage des sommes qu'il a entre les mains, de se porter débiteur sur ses propres livres, et de créditer le mandant ou le déposant. Nous restons toujours sous l'empire de cette règle, formulée par l'article 1273 du Code Napoléon, que la volonté de nover ne se présume pas. Il n'y aura donc novation que s'il résulte avec clarté des circonstances que le mandant ou le déposant a voulu transformer la nature de ses rapports avec l'autre partie, abdiquer le droit de propriété qu'il pouvait avoir sur les sommes, et devenir un simple créancier.

La volonté de ne pas faire novation peut se manifester et se traduire sous deux aspects différents. Ainsi les parties peuvent dire : telle créance restera en dehors du compte-courant. C'est la combinaison dont nous avons parlé plus haut, et sur laquelle nous n'avons pas à revenir. Mais on peut dire aussi, telle créance entrera dans le compte-courant, elle figurera dans l'addition des articles du crédit et du débit, elle influera sur le solde : ce qui ne l'empêchera pas de conserver son existence propre et les garanties dont elle peut être munie. Si donc le compte se solde au profit de celui auquel appartient cette créance, le solde jouira des mêmes garanties que cette créance, qui a servi à le former.

Cette intention des parties se présume assez facilement, parce qu'il est rare qu'un créancier dont le droit est garanti par une hypothèque, une caution, ou quelque autre sûreté, renonce de gaieté de cœur à cet avantage, pour convertir sa créance en un simple article de compte. Voici par exemple une espèce qui s'est présentée. Une étude de notaire avait été vendue, et le prix devait être payé par annuités de 10,000 fr. pendant un certain nombre d'années. Il y avait entre l'acheteur et le vendeur un compte-courant, où l'on portait régulièrement ce qui était encore dû sur le prix de l'office, en y ajoutant toujours cette mention que la somme était due « pour prix de l'office. »

Avant le paiement intégral, l'acheteur vint à mourir. Le vendeur demanda son paiement, avec privilége sur le prix de la revente. Il lui fut objecté que la passation en compte-courant avait détruit sa créance privilégiée. Mais la Cour de Douai (29 juillet 1856) jugea que les parties n'avaient pas eu l'intention d'opérer novation, et que par conséquent le privilége subsistait. Le pourvoi formé contre cet arrêt fut rejeté, voici en quels termes : « attendu que l'arrêt attaqué constate, en fait, que dans le compte qui règle la situation respective des parties. L'hôtellier figure toujours comme créancier du prix de l'office ; que, dans une rectification du compte, il est dit qu'il faut retrancher du reliquat dont Elluin est établi débiteur, une somme de 10,000 fr. qui avait été déduite par erreur du prix de l'office ; attendu que la Cour Impériale de Douai, appréciant ces énonciations contenues dans ledit compte, en a déduit la conséquence que la dette de l'office n'avait pas cessé d'exister : que par suite les parties n'avaient pas eu l'intention, en faisant entrer le prix de l'office dans le compte, d'opérer une novation par la substitution d'une dette nouvelle à une autre dette. » (Cass. 16 mars 1857. Pal. 57, p. 434).

Il en serait de même, et l'insertion n'emporterait pas novation, si le solde d'un compte antérieur, garanti par une hypothèque, était reporté comme solde à nouveau dans un compte suivant. Un banquier a ouvert un crédit pour lequel une hypothèque lui a été donnée. On arrête le compte au bout d'un certain temps. Le banquier fait des démarches pour arriver à obtenir paiement : puis il se décide à reprendre avec le crédité les opérations, qu'il a momentanément interrompues, et le premier article du nouveau compte est le solde de l'ancien. Quand le second compte vient à s'arrêter, le banquier peut-il faire porter son hypothèque sur le solde définitif? Si on appliquait à la rigueur les principes exposés plus haut, on dirait non. On a arrêté la première série d'opérations, et le banquier s'est trouvé créancier. Il pouvait agir alors, et user sans contestation possible du bénéfice de son hypothèque. Au lieu de cela, il a laissé le solde entre les mains de l'emprunteur, et lui a ouvert ainsi un nouveau crédit : comme l'hypothèque ne garantissait que l'ancien, il n'a pas d'hypothèque pour le nouveau. Il aurait fallu, pour qu'il en fût autrement, une seconde constitution d'hypothèque. Ce ne sont pourtant pas ces considérations qui l'ont emporté devant la Cour de Douai. La Cour a admis la persistance de l'hypothèque, par cette raison surtout que le nouveau compte avait été ouvert comme un moyen d'arriver au recouvrement des sommes déjà dùes, que la dette continuait d'exister, et que l'extinction de la dette hypothécaire ne devait avoir lieu qu'autant que, par le résultat final du compte, le débiteur se trouverait définitivement libéré. « Il n'y aurait extinction de l'hypothèque et application à un crédit autre que celui pour lequel elle a été consentie qu'autant que le solde du nouveau compte serait supérieur à la dette procédant du crédit primitif, et que le créancier viendrait appliquer l'hypothèque à l'excédant de la dite dette. » (Douai 7 mai 1846. Pal. 47, 1, 131). On le voit, c'est l'intention des parties que la jurisprudence fait prédominer sur ce qui serait la conséquence rigoureuse des principes. Si jamais une pareille façon de raisonner a été justifiée, c'est assurément dans une matière comme la nôtre, où il n'existe pas de texte positif, où l'usage du commerce et l'équité ont créé toutes les règles.

Nous trouvons dans deux arrêts rendus par la Cour de cassation le 18 mai 1847, une autre application des mêmes idées. Il s'agissait d'une caution qui avait garanti le paiement de la balance d'un compte-courant, à quelque époque qu'il fût réglé. Le créditeur céda son commerce à une autre personne, et, pour régulariser les écritures à l'occasion de ce passage, on donna pour la forme une quittance au crédité, puis on le reporta comme débiteur en tête du compte, qui continua à courir avec le successeur du créditeur. La caution prétendit qu'il y avait eu novation : extinction de la créance ancienne par la quittance donnée, et formation d'un nouveau titre par l'insertion au nouveau compte : qu'en conséquence elle se trouvait libérée. Mais il était certain que les parties avaient seulement voulu régulariser les opérations, sans rien changer aux obligations qui existaient : que la caution avait parfaitement connu cette intention et avait concouru à tout ce qui s'était fait : d'autre part les termes de son engagement étaient très-généraux et s'appliquaient au solde du compte. Il a donc été jugé que la caution restait engagée jusqu'au règlement définitif. (Cass. 18 mai 1847. Pal. 48, 2, 681).

Après avoir vu dans quels cas l'effet de la novation est plus ou moins restreint par la volonté des parties, nous avons à parcourir les effets que produit cette novation quand elle s'opère sans entrave.

L'ancienne créance s'éteint. Elle se transforme en un crédit. Par suite, si un prix de vente a été passé en compte-courant, la vente est regardée comme terminée, le prix comme payé. Si plus tard l'acheteur ne paie pas le solde du compte-courant, le vendeur ne pourra pas demander la résolution du marché primitif. Cette solution peut être rigoureuse, parce qu'en somme le vendeur n'a pas reçu son prix ; mais elle est logique, et tout à fait d'accord avec les principes du compte-courant. Il ne faut pas se lasser de répéter d'ailleurs que l'intention des parties est ici la règle dominante. Il peut très-bien se faire que le vendeur ait entendu, en portant sa créance sur les livres, lui conserver les garanties dont elle était armée. Il pourra dire alors, si le solde reste impayé, qu'il n'a porté au compte la créance du prix que sous la condition d'un paiement ultérieur, et que, cette condition ne se réalisant pas, cette créance reprend son existence individuelle. Mais qu'on ne s'y trompe pas : pour que cette sorte d'extraction soit possible, il faudra des faits certains, une indication nette de la volonté du vendeur, des réserves

7

faites dans la correspondance par exemple, ou une mention portée sur le compte lui-même. Hors de là, nous avons une novation pure et simple, c'est-à-dire une abdication irrévocable de tous les avantages qui pouvaient s'attacher à la créance disparue.

Il en est de l'hypothèque comme du privilége et du droit de demander la résolution. Bien entendu, il ne s'agit pas ici de l'hypothèque stipulée par l'une des parties au moment même où le compte s'est ouvert, et qui est destinée à garantir le paiement du solde. Celle-là subsiste jusqu'au moment où les relations s'arrêtent, et couvre toutes les créances qui entrent successivement au crédit ; en sorte que dans ce cas la novation a pour effet de munir d'une hypothèque des créances qui pouvaient antérieurement n'en pas avoir. Mais à l'inverse, quand une créance hypothécaire est passée en compte-courant, du consentement des deux parties, et sans qu'une réserve soit faite à cet égard, l'hypothèque disparaît Ce résultat est mis en pleine lumière par un arrêt de la Cour de Rouen (18 décembre 1856. Dall. 57, 2, 257.)

Quand une personne a été condamnée par jugement à payer une certaine somme, et qu'elle porte cette somme dans un compte-courant qu'elle a avec le demandeur, peut-on dire qu'elle acquiesce par là même au jugement, et que cette passation pourra lui être opposée comme une fin de non-recevoir, si par suite elle interjette appel ? La Cour de Rennes l'a pensé, et dans une espèce où le

doute était tout spécialement possible, parce que le jugement était exécutoire par provision. (Rennes 27 mai 1835).
Cette solution ne nous paraît pas fondée. Elle ne résulte
pas nécessairement de ce principe que le compte-courant
emporte novation. Il est reconnu généralement que si
l'on fait novation d'une créance conditionnelle, sans ex-
primer formellement que l'obligation nouvelle sera pure
et simple, l'effet de la novation est subordonné à la même
condition. Cela se comprend sans peine. Il ne peut y avoir
novation que s'il y a eu obligation préexistante. Un jugement déclare que cette obligation existe : on peut donc la
nover. Si plus tard un arrêt infirmatif vient déclarer
qu'elle n'a pas existé, la novation tombera. Il y a là une
véritable condition, et rien n'indique que la partie condamnée y ait renoncé. On pourrait soutenir qu'il y a eu
une renonciation de ce genre, si le compte-courant a été
clos, et le solde payé, avant le moment où on interjette
appel. Encore cela serait-il difficile dans une hypothèse
de jugement exécutoire par provision. Nous pensons donc
que la théorie de l'arrêt de Rennes doit être rejetée. Mais
peut-être y avait-il dans la cause, dont les faits nous sont
incomplétement rapportés, des circonstances spéciales
emportant acquiescement, circonstances par lesquelles la
solution donnée se justifie.

S'il y a eu des coobligés dans l'obligation antérieure, ils
sont libérés par la passation en compte-courant faite avec
l'un d'eux. Cette passation produit les effets du paiement.

Seulement il arrivera souvent que l'intention des parties aura été de ne pas opérer une extinction radicale de la créance novée, et de maintenir par exemple l'obligation d'une caution, en la reportant sur le solde éventuel du compte. Il a été question plus haut de ces hypothèses, où l'intérêt d'un tiers est engagé.

On peut se demander ce qui arrive quand l'obligation antérieure est entachée d'une certaine nullité, et qu'elle est novée par passation en compte-courant. Ainsi, pour prendre un exemple qui se présente fréquemment, un agent de change a une créance contre un particulier pour différences provenant de jeux de bourse. Il n'a pas d'action, et la jurisprudence décide en général qu'il n'en aurait même pas si son client lui avait souscrit des billets pour le montant de la dette. Que décider si la créance a été passée en compte-courant entre les parties? Faut-il considérer la passation comme un paiement, qui ne peut être répété? C'est ce que nous avons admis pour la vente, en décidant que le droit de demander la résolution s'éteint par l'insertion dans le compte. Mais il faut se rappeler que dans l'hypothèse actuelle l'ordre public est intéressé. Il y a novation sans doute, mais il n'y a pas eu paiement. La cause illicite qui empêchait d'exercer l'action pour la dette antérieure doit produire encore le même effet, maintenant que cette dette est transformée en un article de compte. Le débiteur pourra donc opposer l'exception de jeu, et faire rayer ainsi l'article dont l'origine sera reconnue vicieuse. Mais, une foisqu'il aura payé le solde, il n'aura plus de répétition à exercer.

Un des effets les plus importants de cette novation que nous étudions, c'est que, par le fait même de l'insertion dans le compte, une créance, jusque-là improductive d'intérêts, commence à en produire, au taux fixé par les parties pour le compte. Ou bien encore le taux se trouve changé, en plus ou en moins, par le fait de l'insertion ; nous retrouverons plus loin ces questions. Quant aux intérêts déjà échus, ils deviennent capital en étant portés dans le compte avec la créance qui les a produits. Ceci a son importance au point de vue de la prescription, comme nous l'allons voir, et pour d'autres raisons encore. Ainsi la communauté est tenue de payer les intérêts des dettes personnelles aux époux (art. 1409, § 3). Si nous supposons que des intérêts de pareilles dettes ont été portés avec le capital dans un compte-courant que le créancier tient avec son débiteur, ces intérêts se sont ainsi trouvés capitalisés, et dès lors la communauté cesse d'en être tenue, tout comme s'ils avaient été payés par celui des époux qui en était débiteur. « La capitalisation sans réserve d'intérêts devenant eux mêmes productifs d'intérêts équivaut à un paiement : aussi dès ce moment ils échappent à la prescription, leur passation pure et simple en compte-courant a eu nécessairement pour effet dans l'espèce d'éteindre la dette originaire et de la remplacer par une dette nouvelle, n'ayant plus ni d'autre cause ni d'autre titre que le compte-courant. Cette dette nouvelle a entraîné l'extinction de l'ancien droit des parties, et par suite de toutes les actions attachées à l'exercice du même droit : dès lors il y a eu novation aux termes du § 1 de l'article 1271. » Ainsi s'exprime la Cour de Besançon, dans un arrêt du 22 juin 1864. (Dall. 64, 2, 119.)

La substitution d'un article de crédit à la créance qui existait antérieurement change aussi très-souvent les conditions de prescriptibilité. Il ne serait pas exact de dire que la passation en compte est une cause d'interruption de la prescription. Elle opère plus radicalement, puisqu'elle fait disparaître complétement la dette qui était en cours de prescription, pour en mettre à la place une autre dont la prescription ne courra que du jour de la passation. On pourra se demander quelquefois, au moment d'opérer la novation, si la créance ancienne n'est pas déjà prescrite, et alors la passation en compte sera discutée. Il est certain que l'inscription faite par le créancier sur ses livres, sans le concours du débiteur, n'aura pas pu avoir effet contre celui-ci. Mais si le débiteur consent à la passation, c'est-à-dire à la novation, sans invoquer la prescription déjà acquise contre l'ancienne créance, il sera considéré comme renonçant à son droit, et ne pourra pas contester plus tard l'article du compte. Tout cela n'offre pas grande difficulté.

Quant aux créances une fois comprises dans le compte, comme elles ont perdu la nature propre qu'elles avaient auparavant, elles se trouvent toutes soumises à une prescription uniforme. Cette prescription est celle de trente ans, puisque nous n'avons aucun texte qui la limite. Ainsi, quelles qu'aient été les règles spéciales auxquelles une dette était soumise pour la prescription avant son insertion dans le compte, du moment que cette dette vient se fondre dans la masse, elle n'est plus prescriptible que par trente ans. L'exemple le plus simple qu'on en puisse donner se tire de l'article 189 du Code de commerce. Toutes actions relatives aux lettres de change se prescrivent par cinq ans. Si le porteur non payé débite le tireur du montant de l'effet, la novation s'est opérée, et l'article 189 est désormais inapplicable. On ne pourrait pas objecter à cela l'article 2220 du Code Napoléon, qui dit qu'on ne peut renoncer d'avance à la prescription. Il est certainement permis de substituer une dette à une autre dette, et par là même, indirectement, de se soumettre à une prescription plus longue. C'est ce qui se passe ici.

Les arrêtés de compte périodiques sont autant d'interruptions de cette prescription trentenaire, ou plutôt ils constituent eux-mêmes autant de novations successives. Il faut pour cela, bien entendu, qu'ils soient acceptés par les deux parties. Cette condition étant remplie, quand le solde du compte précédent est reporté, comme solde à nouveau, en tête du compte suivant, c'est une dette qui est transformée en article, c'est-à-dire une novation qui s'opère, et par suite une nouvelle prescription qui commence. La prescription ne pourra donc être utilement opposée, en ce qui concerne les articles du compte, que si l'un d'eux est resté dû pendant trente ans sans faire l'objet d'aucun renouvellement.

Nous avons à peine besoin d'ajouter que lorsqu'une créance sera, du consentement des parties, restée en dehors du compte, elle restera aussi soumise à sa prescription particulière. Ceci est évident, puisqu'il n'y aura pas eu novation.

IV. — Les remises faites en compte-courant ne sont pas des paiements. C'est toujours une conséquence de cette même idée que tout ce qui entre dans le compte perd son individualité pour se fondre dans la masse commune du crédit et du débit. Il n'y a pas ici de dette à payer, et, y en eût-il une, la remise de valeurs n'aurait pas le caractère d'un paiement.

D'abord, il n'y a pas de dette. Nous venons de voir comment toutes les créances portées au compte sont novées et transformées en crédit. Rien n'est exigible pendant que le compte court : rien même n'est dû. On verra, au moment de la clôture, s'il y a dette ou non : pour le moment le rapport de créancier à débiteur n'existe pas. Or, si l'on conçoit le paiement d'une dette à terme, avant le terme, on ne conçoit pas le paiement d'une dette qui n'a pas encore d'existence.

Ensuite les valeurs remises ne le sont pas à titre de

paiement. On ne comprendrait pas qu'une somme payée portât intérêt pour l'auteur du paiement à partir du jour où le créancier l'a reçue. C'est pourtant ce qui arrive dans le compte-courant. On ne comprendrait pas davantage qu'une dette éteinte par un paiement continuât à porter intérêt après son extinction. C'est pourtant ce qui arrive encore dans le compte-courant. Tout se réunit pour montrer que les remises faites ne doivent pas s'appliquer à solder les débits antérieurs, mais former à leur tour de nouveaux crédits qui ne se compenseront avec les débits qu'au jour du règlement, et par masses. Les parties se sont précisément proposé, en ouvrant le compte, de déroger aux règles ordinaires, et de ne tenir compte de leur qualité de créanciers et de débiteurs qu'à certaines époques. Quand elles veulent laisser une valeur en dehors du compte, et la consacrer exclusivement au paiement de quelque dette spéciale, elles n'ont qu'à le dire ; mais il faut qu'elles le disent. D'ailleurs, une fois le compte arrêté, le solde dû prend tous les caractères d'une dette ordinaire : il est exigible, et si on ne lui fait pas perdre sa nature de dette en le transportant comme solde à nouveau dans le compte suivant, toute remise ultérieurement faite par le débiteur sera considérée et traitée comme un véritable paiement. Mais jusqu'au moment où le compte s'arrête, il n'y a pas de paiement ; il y a, si l'on veut, des prêts, des avances, des opérations de commerce : le nom importe peu.

Un envoi de marchandises dont le prix doit être porté en compte-courant n'est pas plus une dation en paiement qu'un envoi direct d'espèces n'est un paiement. Les raisons de décider sont toujours les mêmes. Il n'y a pas de dette, et la remise, étant productive d'intérêts, ne peut être considérée comme devant servir à l'extinction d'une dette antérieure. Sans doute le résultat de cet envoi d'argent ou de marchandises sera, au moment de l'arrêté, de diminuer le solde débiteur ou d'enfler le solde créditeur de l'auteur de l'envoi : mais on ne se préoccupe pas de ce résultat futur au moment de la remise, et, de toutes les façons, on l'envisage plutôt comme une avance que comme un paiement.

De ces principes résultent quelques conséquences que nous allons passer en revue.

Les articles 446 et 447 du Code de commerce frappent de nullité, sous certaines conditions, les paiements faits par un débiteur depuis la cessation de ses paiements, et même, dans certains cas, pendant les dix jours qui ont précédé cette cessation. Lorsqu'il y a eu paiement d'une dette non échue, ou paiement même d'une dette échue, fait autrement qu'en espèces ou en effets de commerce, la nullité est absolue, et opère sans qu'il y ait à se préoccuper de la bonne foi du créancier. Tout autre paiement peut être annulé, s'il y a eu, de la part du créancier, connaissance de l'état de cessation de paiements.

L'application de ces règles à notre matière a soulevé

des difficultés. Deux commerçants sont en compte-courant. L'un deux cesse ses paiements le 1 mai 1869. A ce moment, il se trouve en arrière dans son compte, sans que d'ailleurs ce compte soit arrêté. Le 15 mai, il envoie à son correspondant deux effets, pour lesquels il est crédité. Le 31 mai, sa faillite est déclarée. La masse de ses créanciers invoque contre son correspondant les articles 446 et 447, et prétend faire rapporter à la masse les effets envoyés le 15 mai. Que faut-il décider ? Il y a un point qui n'est pas douteux. Si l'autre partie en compte a connu l'état de cessation de paiements, elle sera condamnée au rapport, de toutes les manières. L'article 447 s'applique à toutes les opérations faites à titre onéreux. Pourtant, même dans cette hypothèse, il y aura intérêt à distinguer si la remise faite a eu le caractère d'un paiement ou d'une simple opération commerciale. Mais supposons l'autre partie de bonne foi. Voici les deux opinions opposées qui ont été soutenues.

Les remises, a dit M. Alauzet (n° 1685. *Faillites*), sont de véritables paiements. Il est bien certain qu'elles ont pour résultat de diminuer une dette ou de l'éteindre. Les articles 446 et 447 ont été faits pour empêcher d'avantager un créancier au préjudice des autres. Mais n'est-ce pas précisément ce que l'on fait quand, à la veille d'une déclaration de faillite, on envoie à un de ses correspondants, créditeur par compte-courant d'une somme importante, des valeurs qui équilibrent le compte ? Quel en sera le résultat? C'est qu'au lieu de se présenter à la faillite pour 100,000 fr. par exemple, ce correspondant, à cause des remises récemment faites, se présentera pour une somme moindre, ou ne se présentera pas du tout. Et n'y aurait-il pas une singulière subtilité à dire que ce créancier n'aura pas été favorisé au détriment des autres? Il y a donc bien et dûment paiement. Mais M. Alauzet ajoute immédiatement qu'il y a paiement d'une dette échue : que par conséquent l'on ne tombe pas sous la nullité absolue de l'article 446, et que la validité de la remise dépend de la bonne foi du créancier.

La grande majorité des auteurs pense au contraire qu'il n'y a pas un paiement, mais une opération *sui generis*, une avance si l'on veut. On s'appuie pour cela sur les principes que nous avons développés plus haut, et qu'il est inutile de reproduire ici. Il est de l'essence du compte-courant de fondre en une masse toutes les remises faites et reçues, sans les appliquer à une affectation spéciale, et de suspendre jusqu'au règlement, non pas seulement l'exigibilité de la dette, mais jusqu'aux qualités de créancier et de débiteur. Il ne peut donc être question de paiement. D'autre part M. Alauzet devient illogique, quand, pour tempérer ce que son système peut avoir de rigoureux, il soutient qu'il y a paiement d'une dette échue. Comment la dette serait-elle échue, puisqu'on ne sait même pas s'il y aura dette? Le tempérament proposé est inadmissible. Si l'on pense qu'il y a paiement, il faut

annuler impitoyablement, sans se soucier de là connaissance que le créancier a pu avoir de l'état de faillite. Si
l'on pense qu'il n'y a pas paiement, il faut traiter la remise comme toute opération à titre onéreux, et c'est alors
seulement qu'on pourra, avec l'article 447, prendre en
considération la bonne foi du récepteur. C'est l'opinion
développée par M. Tripier dans le rapport fait par lui à
la chambre des Pairs sur la loi de 1838. (V. aussi Bédarride. *Faillites*. t. I, n° 117. M. Demangeat sur Bravard,
Faillites, p. 231).

On serait tenté de croire que ces deux systèmes mènent
au même résultat, grâce au tempérament adopté par
M. Alauzet. Il n'en est rien pourtant, et l'on va voir qu'il
y a toujours grand intérêt à distinguer. L'article 446 annule de plein droit, non pas seulement tout paiement de
dette non échue, mais aussi tout paiement fait autrement
qu'en effets ou en espèces. Si nous supposons qu'un débité
envoie au créditeur des marchandises pour que celui-ci
les vende et crédite l'envoyeur du prix, le créditeur étant
d'ailleurs de bonne foi, il est évident que les deux systèmes, jusque-là unis, vont se séparer dans leurs conclusions. L'un d'eux annulera, quoiqu'il s'agisse d'une dette
échue, et malgré la bonne foi du récepteur, parce qu'il
verra dans l'opération une dation en paiement. L'autre
maintiendra au contraire, parce que pour lui la nullité
possible dérive de l'article 447, et non de l'article 446.

La jurisprudence n'a jamais hésité sur la question. Elle

a constamment refusé de considérer comme un paiement
l'envoi d'espèces ou d'effets de commerce fait depuis la
cessation jusqu'au jugement déclaratif. Elle a pensé, avec
grande raison, qu'il n'y a, jusqu'à l'arrêté, ni créance, ni
dette, et partant pas de paiement possible. Comme l'a dit
la Cour de cassation (10 mai 1865. Pal. 65, 656). « Les qualités de débiteur et de créancier sont suspendues. » La
Cour suprême avait déjà proclamé ce principe, à propos d'une autre question. (Cass. 17 janvier 1849. Pal. 49,
1, 129), et les conclusions de l'avocat-général Nicias-Gaillard sur cette affaire contiennent la dissertation la plus
sérieuse et la plus complète que l'on puisse citer sur la
question qui nous occupe. La même doctrine se retrouve
dans un arrêt de la Cour de Caen. (8 juillet 1850. Pal. 52,
1, 500), où nous lisons : « l'envoi de remises ou de sommes
d'argent, constituant un acte à titre onéreux, peut être fait
valablement jusqu'au jour de la déclaration de faillite,
pourvu que le correspondant ait ignoré l'insolvabilité du
failli. » Il est donc certain, et généralement reconnu, que
de pareilles remises rentrent sous les dispositions de l'article 447, et échappent à celles de l'article 446.

C'est par application des mêmes principes que la jurisprudence, au lieu de frapper d'une nullité radicale et
absolue les envois de marchandises faits en compte-courant, ne les annule que si le récepteur a connu l'insolvabilité. Au lieu d'y voir des dations en paiement, elle y
voit de simples opérations de commerce. Il résulte aussi

de là que si de pareils envois étaient faits dans les dix jours qui précèdent la cessation de paiements, la jurisprudence ne les annulerait pas, même si le récepteur était de mauvaise foi, parce que l'article 447 ne s'occupe que des actes faits depuis la cessation de paiements. (V. Caen, 8 juillet 1850, cité plus haut. — V. aussi Colmar, 3 juillet 1865). Dans toutes les espèces qui se présentent, on tient grand compte de l'usage antérieur des parties, et on valide très-facilement l'opération quand, depuis longtemps, les correspondants avaient coutume de s'envoyer des marchandises et d'en porter le prix dans leur compte courant.

Si le système qui voit un paiement dans les remises faites en compte courant venait à prévaloir, ce qui n'est guère probable, il y aurait, en ce qui touche les envois de marchandises, des distinctions à faire et des nuances à préciser. Si j'envoie des denrées à mon correspondant en le chargeant de les vendre pour moi, et d'en porter le prix dans notre compte quand il les aura vendues, je fais un paiement (si paiement il y a) en espèces, et non en marchandises. Je règle avec le prix de vente. Si la vente n'a pas lieu, c'est à moi que les marchandises reviendront. Dans les deux cas, il n'y a pas dation en paiement, et par conséquent, si la dette est échue, je serai en règle avec l'art. 446. Si au contraire je transporte dès à présent la propriété des marchandises à mon créancier, qui me crédite immédiatement et irrévocablement de leur valeur, c'est alors qu'il y a dation en paiement, et nullité radicale.

On peut voir sur ce point un arrêt de Metz, du 26 mars 1846 (Pal. 46, 2, 621). Mais, nous le répétons, dans l'état actuel de la jurisprudence et de la doctrine, il n'y a pas à s'occuper de pareilles distinctions. Toutes ces opérations sont autre chose que des paiements, et elles sont valables dès que le récepteur ne connaît pas la situation mauvaise du remettant.

Quant aux remises faites, non plus par le failli, mais au failli, elles ne soulèvent pas une question de nullité, mais une question de propriété et de revendication. Nous n'avons pas à en parler ici.

Dans un arrêt tout récent de la Cour de Colmar, arrêt qui refuse, comme ceux que nous avons précédemment cités, de voir un paiement dans une remise faite en compte-courant, nous trouvons une décision quelque peu contraire à la théorie exposée plus haut. Voici quelle était l'espèce. La ville de Colmar avait, conformément à la loi du 28 mai 1858, établi un magasin général. On sait que les porteurs de récépissés qui veulent retirer les marchandises déposées dans les magasins ne peuvent le faire qu'à la condition de consigner la somme dont les marchandises garantissaient le paiement, somme qui sera remise au porteur du warrant. D'après la loi, c'est entre les mains de l'administration du magasin que cette consignation libératoire doit être faite. Mais la ville de Colmar s'était substitué une maison de banque qui recevait pour elle les consignations. Un négociant, porteur d'un récépissé, voulant

retirer les marchandises, et qui d'autre part se trouvait
en compte-courant avec le banquier, opéra la consignation
sans remise effective, en créditant simplement le consigna
taire de la somme à consigner. Puis, le banquier vint à faire-
faillite. La ville prétendit que la consignation n'avait pas
été opérée, puisque le banquier ne pouvait plus désormais
lui remettre la somme reçue. Cette prétention fut écartée,
comme elle devait l'être. L'administration avait eu confiance dans le banquier au lieu de recevoir elle-même :
c'était elle qui devait supporter la conséquence de son
imprudence. Mais la consignation avait-elle pu valablement se faire, sans remise effective d'argent ou d'effet,
par une simple mention en compte? La Cour de Colmar
l'a pensé. Les principes du compte-courant exigent une
solution contraire. Le propre d'une remise faite en compte-
courant, c'est de n'avoir aucune destination particulière,
aucun emploi déterminé, de se fondre dans une masse sans
que l'on puisse séparer du reste tel ou tel article pour lui
conserver son individualité. Comment concilier cela avec
la consignation dont parle la loi de 1858, consignation qui
a le caractère du gage, puisqu'elle remplace entre les
mains du magasin général les marchandises engagées? On
peut se demander si un crédit spécial remplirait cet effet,
mais à coup sûr un article du compte-courant ne suffit
pas. Sans doute cet article aura pour résultat, quand on
arrêtera le compte, d'augmenter la créance du banquier
ou de diminuer sa dette vis-à-vis de son client. Mais cela

ne tient pas lieu d'une remise effective, et c'est une remise effective qu'exige la loi. La décision de la Cour de Colmar se justifie en fait parce que la ville avait commis une négligence et devait en supporter la responsabilité. Mais il ne faudrait pas faire une règle générale des motifs que cet arrêt renferme, (V. Colmar, 20 juillet 1865. Dall. 66, 2, 186.)

Nous arrivons à la seconde application de ce principe que la remise faite en compte-courant n'est pas un paiement. Les règles de l'imputation des paiements doivent être laissées de côté. Ceci résulte de la nature même du compte, et une démonstration est à peine nécessaire. Il suffit de rappeler ce qui a été dit plus haut. Il n'y a pas de dette : il n'y a qu'un débit, c'est-à-dire moins encore qu'une dette à terme. Ajoutons qu'il n'y a pas plusieurs dettes, entre lesquelles soit le créancier, soit le débiteur, soit la loi, puisse choisir. Au moment où chacune des avances entrait dans le compte, elle a perdu tout ce qui pouvait la distinguer des autres créances : elle s'est confondue avec elles, en sorte que l'autre partie en compte n'est plus le débiteur de plusieurs dettes, comme dit l'article 1253, mais bien le débiteur d'un seul débit, non encore exigible, et dont le montant ne pourra être déterminé qu'au moment de l'arrêté, quand on saura combien de remises auront été faites de l'autre côté. Ainsi, pas de dettes : c'est la première raison ; — pas de paiement : c'est la seconde. Les versements ne sont pas faits *solvendi animo :* nous l'avons dit, et nous le répétons : la preuve en est qu'ils produisent intérêt. Ce sont des avances. On balancera les avances faites des deux côtés, et il n'y aura dette que pour la différence. Alors seulement on pourra parler de paiement.

Ainsi les articles 1253-1256 du Code Napoléon doivent être absolument laissés de côté. Non pas que le consentement des parties ne puisse déroger aux règles ordinaires, et diriger sur tel ou tel article du compte, qui se trouvera ainsi rayé, une remise faite. Mais il faudra pour cela le consentement commun. Tout ce qui a le caractère d'imputation légale sera exclu. Ainsi un versement fait sans indication spéciale d'affectation ne devra pas s'imputer, d'abord sur les intérêts du compte, et ensuite sur le capital. Cette méthode, qui est celle du droit civil, est aussi employée quelquefois. Il est même nécessaire d'y recourir quand les divers articles du compte portent intérêt à des taux différents, parce qu'alors les procédés ordinaires de la comptabilité ne peuvent servir. Dans ce système qui s'appelle la méthode par échelles, ou hambourgeoise, on calcule le solde après chaque versement, et on fait courir les intérêts du solde ainsi fait, jusqu'au prochain versement, qui est imputé d'abord sur les intérêts, et ensuite sur le capital. (V. pour la disposition des calculs Deplanque, *la Tenue des livres*, page 578 à 581). Entre deux négociants, ce système donne à peu près les mêmes résultats que les autres. Mais, employé par un créditeur qui reste toujours en avance, il est facile de comprendre qu'il est plus onéreux pour le débiteur. Supposons un compte qui se règle tous les six mois. Le crédité fait une remise à la fin du deuxième mois. Si on pratique la méthode ordinaire, cette somme portera intérêt pour le crédité, étant un capital versé par lui, tandis que les intérêts des remises du créditeur ne portent pas intérêt. Si au contraire, dès le jour du versement, on l'applique pour partie aux intérêts dûs, l'envoyeur paiera une dette qui ne portait pas intérêt contre lui, avec une somme qui aurait porté intérêt pour lui, si elle n'avait pas été ainsi employée. De là une différence qui peut être sensible.

Quand une créance a été laissée en dehors du compte-courant, et que le débiteur de cette créance envoie une valeur sans en indiquer la destination, des difficultés peuvent s'élever, qui rappellent un peu les questions d'imputation de paiements. Cependant, ici encore, ce n'est pas par les règles des articles 1253-1256 qu'il faut se décider. Ces règles sont faites pour les cas où le débiteur de plusieurs créances n'a pas déclaré celle qu'il entend payer. Il n'y a pas, dans notre hypothèse, un débiteur de deux créances. Il y a un compte-courant et une créance. C'est d'après l'intention des parties, et d'après elle seule, qu'il faut déterminer la destination de l'envoi. Si par exemple c'est une somme d'argent qui a été envoyée, on sera plus porté à croire qu'elle a pour but de solder la dette. Tout dépend des circonstances. Le caractère plus ou moins onéreux de la dette sera aussi fort souvent un élément de décision.

Mais ce doute n'aura pas lieu de se produire si la dette, qui était d'abord indépendante du compte-courant, et lui faisait une sorte de concurrence pour l'attribution des valeurs envoyées, vient, elle aussi, se fondre dans le compte-courant. C'est ce qui arrive notamment pour le solde d'un compte antérieur. Il y a eu des relations entre deux parties : on a arrêté le compte, et le solde a constitué une dette véritable. Puis les relations cessent quelque temps. On les reprend ensuite. Si l'ancien solde reste en dehors de ce nouveau compte, le doute dont nous parlions tout à l'heure s'élèvera, et on aura à se demander si telle valeur envoyée doit entrer dans le nouveau compte, ou servir à acquitter le solde encore dû. Mais si le solde est porté comme solde à nouveau en tête du nouveau compte, pour en former un des articles, tout embarras disparaîtra : il n'y aura plus de dette isolée, et les valeurs envoyées devront entrer dans le compte, sans qu'il y ait à hésiter sur leur destination.

La jurisprudence tend aujourd'hui à admettre ces solutions. Elle n'y est pas arrivé de prime abord, parce que souvent l'intérêt de tiers, de cautions par exemple, se trouvait engagé dans les procès qui se présentaient. C'est ainsi que s'expliquent les arrêts rendus le 21 mai 1838 par la Cour de Rouen, et le 3 avril 1839 par la Cour de Cassation (Pal. 39, 1, 587). Nous avons indiqué plus haut quelle était l'espèce. L'arrêt de la Cour de Rouen est des plus formels:

« .... Attendu qu'en cette matière de compensation ou

d'imputation, le compte-courant n'est point assujetti à des règles particulières et exceptionnelles, mais qu'il reste soumis à l'application des principes généraux du droit civil, d'où il suit que l'imputation a dû s'opérer comme il vient d'être dit, sur la dette que Demiannay avait le plus d'intérêt à acquitter, et qui en même temps se trouvait la plus ancienne... » M. Noblet, tout en désapprouvant les termes dans lesquels cette décision est exprimée, essaie de montrer (n° 72) que la décision était bien rendue, quoique mal motivée. Il s'agissait du solde d'un ancien compte, et l'on prétendait imputer des remises ultérieures sur ce solde, plutôt que de les faire entrer dans un compte nouvellement ouvert. Cela aurait été possible, si l'ancien solde lui-même n'avait pas formé un article du nouveau compte. Seulement, comme c'étaient des tiers, coobligés au paiement de l'ancien solde, et non obligés dans le nouveau compte, qui demandaient l'imputation, c'est leur intérêt qui a déterminé la Cour. Elle aurait sans doute jugé autrement si débiteur et créancier avaient seuls été en présence.

Il a été plusieurs fois décidé depuis que les règles civiles de l'imputation des paiements ne sont pas applicables aux remises faites en compte-courant. Nous avons déjà cité l'arrêt de Cassation du 17 janvier 1849 (Pal. 49, I, 129), avec les conclusions de l'avocat-général Nicias-Gaillard. Deux autres arrêts, l'un de Caen (13 mars 1837. Pal. 49, I, 129, en note), l'autre de Bordeaux (8 avril 1842, Pal., 44, I,

27), ont admis les mêmes principes. Nous avons remarqué plus haut que ces arrêts vont même jusqu'à exclure les règles de l'imputation, vis-à-vis de cautions qui les invoquaient. Voici comment s'exprime la Cour de Bordeaux : « Attendu que les règles sur l'imputation légale des paiements ne reçoivent pas d'application en matière de compte-courant : que les articles du débit et du crédit qui en forment les éléments s'assimilent entre eux sans distinction d'origine, pour ne constituer qu'une seule convention soumise à la même voie d'exécution, de telle sorte que c'est le solde définitif qui résume et fixe la situation des parties entre elles : qu'on ne peut dès lors exclure du compte général un ou plusieurs articles pour y appliquer les remises que le débiteur y aurait faites sans spécialité d'affectation. »

V. — Nous venons de dire que les remises faites en compte-courant ont beaucoup plutôt le caractère d'avances que celui de paiements. Ne serait-on pas, dès lors, fondé à appliquer à ces avances se balançant réciproquement, les règles civiles de la compensation ? C'est ce qui reste à examiner.

Il est certain que nous ne pouvons plus dire ici, comme nous le faisions plus haut : les remises faites en compte-courant n'ont pas pour but d'éteindre une dette, mais de faire une avance. M. Feitu donne cependant cette raison : « S'il n'y a pas paiement, comment pourrait-il y avoir lieu davantage à ce paiement fictif qu'on appelle compensation ! » — Il serait facile de répondre que la compensation légale opère sans que les parties aient voulu éteindre soit l'une, soit l'autre des deux dettes. L'absence d'intention ne serait donc pas un motif suffisant pour repousser la compensation.

Ensuite, on lit dans l'article 575 2° du Code de commerce : « Pourra même être revendiqué le prix ou la partie du prix des dites marchandises qui n'aura été ni payé, ni réglé en valeur, ni compensé en compte-courant entre le failli et l'acheteur. » Et il semble bien résulter de là que le compte-courant opère compensation.

C'est cependant l'opinion contraire qui doit prévaloir, et la meilleure raison qu'on en puisse donner, c'est que, si l'on applique au compte-courant les principes de la compensation légale, on supprime complétement le compte-courant. Les parties sont convenues précisément de remettre à une certaine époque la balance de ce qu'elles pourront se devoir l'une à l'autre. Décider que la balance se fera au fur et à mesure des versements, c'est rayer cette convention. Il n'y aura alors jamais créance que d'un côté, et il sera impossible que les remises faites par chacune des deux parties produisent intérêt, ce qui arrive dans le compte-courant. Si l'on pouvait recourir à une comparaison un peu vulgaire, il serait très-exact de comparer les deux systèmes en présence aux deux manières différentes de marquer les points au jeu de piquet. On peut compter

les points des deux côtés, ce qui est la méthode ordinaire.
On peut aussi, après chaque coup, retrancher les points
du joueur qui en a le moins de ceux du joueur qui en a
le plus, de façon qu'ils ne marquent jamais tous deux en
même temps. Le compte-courant correspond à la première
manière, et du moment que les parties ont voulu y recourir, de quel droit viendrait-on leur imposer la seconde ? Opérer la compensation au fur et à mesure des
remises, c'est tuer le compte-courant, puisque celui-ci
consiste dans la fusion en une seule masse des divers articles, et qu'on pourrait le définir, avec quelque justesse,
une prorogation conventionnelle de la compensation. Tout
se réduit à savoir si une pareille convention est licite ou
non : or, personne ne soutient qu'elle soit contraire aux
lois et aux bonnes mœurs ; il est dès lors naturel qu'elle
forme la loi des parties. Nous laissons de côté, bien entendu, les hypothèses où l'intérêt des tiers est engagé,
ainsi que celles où le consentement des parties n'est pas
certain.

On peut ajouter, comme le font les auteurs, que les
créances qu'il s'agit de compenser n'ont, ni le caractère
de liquidité, ni le caractère d'exigibilité, qui sont, aux
termes de l'article 1291, nécessaires pour que la compensation s'opère ; qu'ainsi, même au point de vue du droit
civil, les conditions de la compensation ne sont pas rem-
plies. Ces arguments, qui peuvent être vrais, n'ajoutent
rien à ce qui précède, et ne font que le développer. Une

fois que l'on admet la nature particulière compte-courant, et son effet capital, qui est de réunir les remises en deux masses pour ne les balancer qu'à des époques déterminées d'avance, il en résulte évidemment comme conséquence que les articles ne sont ni des créances, ni des dettes, et ne sont, à plus forte raison, ni exigibles, ni liquides. Mais aussi, pour celui qui, repoussant notre point de départ, ne fait dériver du compte-courant aucune situation particulière, pour celui-là les créances et les dettes sont parfaitement liquides, et exigibles toutes les fois qu'un terme n'y a pas été ajouté. En sorte qu'on en revient toujours à cet argument, qui est le seul : il faut choisir entre le compte-courant et la compensation légale : on ne peut les combiner.

Rien n'est plus facile, d'ailleurs, que de répondre à l'argument de texte tiré de l'article 575 du Code de commerce. Il y a même deux réponses à faire. La première est tirée de l'histoire de cet article. Le Code de 1807 disait : passé en compte-courant entre le failli et l'acheteur. Cette expression était vague. Quand un effet, une marchandise, une créance, reçoit des parties une destination, spéciale qui l'empêche d'entrer dans le compte-courant cela n'empêche pas de faire figurer aux écritures un article qui constate l'envoi. Seulement l'article, quoique passé en compte, n'entre pas dans la masse, et n'est pas balancé à l'époque de l'arrêté. On se demandait si une passation de ce genre pouvait éteindre l'action en revendication. Le nouvel article 575 a pour objet de faire cesser ce doute. On y a mis le mot : compensé, pour bien montrer qu'il ne s'agissait pas d'une simple mention aux écritures, mais qu'il fallait une véritable insertion dans le compte, opérant novation. On n'a pas songé à la compensation légale, pas plus qu'on n'y a songé dans l'article 446, où on a employé aussi le mot de compensation.

La seconde réponse est celle-ci : l'article 575 parle peut-être d'une véritable compensation, telle que l'entend le Code Napoléon. Mais aussi cette compensation s'opère au moment où la faillite est déclarée. A ce moment, le compte-courant s'arrête, et les deux masses du crédit et du débit, définitivement fixées, se balancent réciproquement. Or, il s'agit dans l'article 575 d'une revendication, c'est-à-dire d'un droit qui ne s'exerce qu'après la déclaration de faillite. Si le prix de vente a été porté en compte-courant entre le commissionnaire et l'acheteur, il n'y a sans doute pas compensation au moment de l'insertion, et en ceci nous donnons satisfaction aux principes du compte-courant, mais il y a compensation au moment du jugement déclaratif, et en ceci nous expliquons l'article 575.

Cette dernière observation lève tous les scrupules, et nous croyons qu'elle vaut mieux que l'autre explication proposée. Malgré les origines de l'article 575, il nous est difficile de croire que le mot : compensé, inséré dans cet article, ne contienne pas en lui-même quelque idée de compensation, et qu'il veuille dire simplement nové. Nous sommes sans doute d'avis que le législateur de 1838 n'a pas voulu établir une compensation légale au moment même de la remise. Mais le droit de revendication ne serait pas perdu, suivant nous, s'il y avait eu simple insertion au compte, sans compensation. Prenons un exemple. Moi, commissionnaire, j'ai reçu de Jacques des marchandises, et je les ai vendues à Bernard. Je suis en compte-courant avec Bernard, et je le débite du prix de vente. Il y a ceci de particulier dans nos relations que toutes les remises viennent de moi, et que Bernard se contente de me payer les soldes. Je tombe en faillite, et Jacques réclame le prix à Bernard. Nous supposons qu'il n'y a aucune fraude. Que décider pour le droit de revendication ? Ceux qui pensent que le mot de : compensé, dans l'article 575, a simplement pour but de trancher une controverse antérieure et d'exiger une entrée effective dans le compte-courant, ceux-là diront : le droit de revendication est perdu. Ceux qui pensent, au contraire, que le mot de compensé indique une idée de compensation, ceux-là diront: nous ne voyons pas de compensation ; au moment où la faillite arrête le compte, une seule des parties est créancière : donc le droit de revendication n'est pas perdu pour celui qui a envoyé les marchandises. Cette dernière solution est la vraie. On n'a pas le droit de dénaturer le sens d'un mot, pour se conformer à ce que l'on croit être l'intention du législateur. Quant à l'objection tirée de l'article 446, où le mot de compensation est employé aussi sans désigner une compensation légale, cette objection se retourne contre ceux qui la font. C'est, en effet, d'une véritable compensation qu'il est question dans l'article 446 : conventionnelle, il est vrai, puisqu'il s'agit de dettes non échues ; mais enfin d'une compensation : preuve évidente que les auteurs de la loi de 1838 connaissaient le sens et la portée de cette expression, et qu'ils ne l'auraient pas employée dans l'article 575 s'ils avaient voulu parler d'une simple novation.

Mais ces réserves, qu'il était nécessaire de faire, n'empêchent pas que la compensation légale soit inapplicable au compte-courant, jusqu'au moment de l'arrêté.

La Cour de cassation a consacré à plusieurs reprises les principes qui viennent d'être établis. Ainsi, nous lisons dans un arrêt du 6 frimaire an XIII, rapporté à sa date dans le Journal du Palais : « La disposition de la coutume de Paris sur les compensations ne peut avoir lieu pour les comptes-courants dont le débit et le crédit subissent des variations perpétuelles, et ne se fixent qu'au dernier terme des négociations respectives. » La Cour de cassation a semblé abandonner cette manière de voir dans son arrêt du 3 avril 1839 (Palais, 39, I, 587). Mais elle y est revenue depuis (17 janvier 1849, Pal., 49, I; 129), et la jurisprudence parait aujourd'hui définitivement fixée.

Il faut ajouter ici, comme plus haut, que la volonté des parties est souveraine en cette matière, et qu'elles peuvent fort bien, laissant en dehors du compte-courant une ou plusieurs de leurs créances, soumettre ces créances au droit commun, c'est-à-dire à la compensation. Encore faudrait-il pour cela que ces créances n'eussent pas reçu une affectation spéciale, circonstance qui, croyons-nous, opposerait un nouvel obstacle à la compensation légale.

Le compte une fois arrêté, la dette du solde ressemble à toute autre dette, à moins qu'il soit reporté comme solde à nouveau. Par conséquent, s'il y a eu balance, que le solde soit dû, et que d'autre part le débiteur devienne créancier de son créancier, rien n'empêchera la compensation légale de se produire. Pour qu'il en fût autrement, il faudrait que les deux parties fussent d'accord pour rouvrir le compte, et convertir en deux crédits leurs créances réciproques.

La faillite de l'une des parties qui sont en compte arrête leurs relations, et désormais toute compensation sera impossible. Mais au moment même du jugement déclaratif, la compensation s'opère de tout ce qui avait été jusqu'alors porté en compte, et la différence seule reste due. Les syndics de la faillite soutiendraient en vain que le failli doit rester créancier de tous les articles portés à son crédit, et débiteur de tous les articles dont il a été débité, de manière à réclamer l'intégralité des premiers en ne payant qu'un dividende pour les seconds. Ce raisonnement pourrait être vrai s'il s'agissait de balancer une créance devenue exigible par le fait même de la faillite avec une créance pure et simple du failli. Dans ce cas, la jurisprudence donne raison aux syndics, et n'admet pas la compensation. Mais ici il ne s'agit pas de cela. La position des deux parties est égale : le compte s'arrête par l'effet du jugement déclaratif : et alors se produit le résultat ordinaire et régulier du compte : balance des deux masses l'une par l'autre. Comme le dit la Cour de Bordeaux (3 décembre 1827) « en cas de faillite de l'une des parties, il est indifférent que leur compte n'ait pas été précédemment remis et réglé : leur situation n'en est pas moins fixée par le solde dudit compte, tel qu'il doit être balancé et arrêté au moment de la faillite. » Il y aura lieu seulement de retrancher du compte les remises que le correspondant a reçues de mauvaise foi, depuis le jour de la cessation de paiements.

Après le jugement déclaratif, il ne peut plus être question de compensation. Nous verrons plus loin comment on échappe aux conséquences rigoureuses que ce principe pourrait entraîner.

CHAPITRE DEUXIÈME

DE LA TRANSMISSION DES EFFETS DE COMMERCE EN COMPTE-COURANT

La transmission des effets de commerce est un des éléments le plus importants du compte-courant. Jusqu'ici nous ne nous sommes occupés que des créances que les correspondants pouvaient avoir l'un contre l'autre, et des transformations que ces créances éprouvaient par le fait de leur entrée dans le compte. Les questions que nous abordons ici sont différentes. Il s'agit de valeurs dont la propriété est transportée, moyennant un crédit que le récepteur donne à celui qui a fait l'envoi. Quand y a-t-il translation de propriété? le crédit est-il définitif, ou dépend-il de l'encaissement réel de l'effet? Ce sont deux ordres de questions qu'il est utile d'examiner.

I. Deux négociants sont en relations d'affaires. L'un d'eux envoie à l'autre une lettre de change. Si cet envoi a été fait pour que la lettre entrât dans le compte-courant et que l'envoyeur fût crédité du montant, il y a transmission de propriété. Si au contraire la lettre doit rester en dehors du compte et servir à une affectation spéciale, la propriété n'en est pas transmise : le récepteur ne la détient que comme mandataire ou dépositaire. Voilà le principe général auquel tout le reste se rattache.

Deux exemples feront saisir le puissant intérêt pratique de cette distinction. L'article 408 du Code pénal punit de certaines peines ceux qui ont détourné des objets qui ne leur avaient été remis qu'à titre de louage, de dépôt ou de mandat. Supposons qu'un banquier ait reçu des titres de ses clients, et ait employé ces titres à son usage personnel. S'il a reçu ces titres en compte-courant, il en est devenu propriétaire, et par conséquent il a pu en disposer. Aucune poursuite ne pourra dans ce cas être exercée contre lui, du moins du chef de l'article 408 ; tout au plus pourra-t-il être prévenu d'escroquerie. Si au contraire les effets lui ont été transmis avec indication d'une affectation spéciale, ce qui est un mandat, ou à charge de rendre les titres eux-mêmes, en nature, ce qui est un dépôt, il y aura alors abus de confiance, et application possible de l'article 408. Ce sont des questions de ce genre qui se sont agitées il y a quelques années, dans le procès d'un financier célèbre.

Quand celui qui a reçu les effets vient à faire faillite, et s'il a encore les effets en portefeuille, on comprend que l'envoyeur ait grand intérêt à revendiquer les effets eux-mêmes, au lieu de se contenter d'une créance qui ne lui donnera qu'un dividende. L'art. 574 du Code de commerce est ainsi conçu : « Pourront être revendiquées, en cas de faillite, les remises en effets de commerce ou autres titres non encore payés, et qui se trouveront en nature dans le portefeuille du failli à l'époque de sa faillite, lorsques ces remises auront été faites par le propriétaire avec le simple mandat d'en faire le recouvrement et d'en garder la valeur à sa disposition, ou lorsqu'elles auront été, de sa part, spécialement affectées à des paiements déterminés. » Ceci revient à dire que, lorsque les effets seront entrés en compte-courant, ils ne pourront être revendiqués, et M. Renouard justifiait ainsi cette disposition, assez rigoureuse pour l'envoyeur : « Les remises ainsi faites ne l'ont été ni à titre de dépôt, ni à titre de mandat. Elles sont la conséquence de la confiance accordée au failli, et n'ont pu être que l'exécution d'un contrat formel ou tacite passé avec lui antérieurement à la faillite. La personne qui, ayant suivi la foi du failli, l'a volontairement constitué son débiteur, doit être placée dans la même catégorie que les autres créanciers avec lesquels il se trouve en compte. » — Il n'en avait pas été de même jusqu'en 1838. L'ancien article 584 admettait bien aussi que les effets passés en compte ne pouvaient être revendiqués : mais si l'envoyeur « n'était que créditeur » au moment des remises, la revendication pouvait avoir lieu. Distinction compliquée, qui n'était pas même bien nette, et qui en tous cas ne s'appuyait sur rien, puisque le caractère d'un envoi dépendait, dans ce système, de l'état du compte des parties au moment où l'envoi s'opérait. Le système actuel est plus net et plus simple. Tout se réduit à savoir s'il y a eu ou non entrée en compte-courant : si oui, simple créance : si non, droit de revendication.

Pour que l'article 574 s'applique, il faut que les effets se trouvent encore en nature dans le portefeuille du failli. S'ils ont été aliénés par lui, le droit de revendication est perdu, et converti en une simple créance, tout comme si, dès le moment de l'envoi, le titre était entré dans le compte-courant. Seulement il ne faut pas prendre l'article trop à la lettre, et tout le monde s'accorde à penser que si l'effet était entre les mains d'un mandataire ou d'un dépositaire du failli, qui était lui-même dépositaire ou mandataire, le droit de revendication ne serait pas perdu. (Cass. 25 avril 1849).

Mais quand peut-on dire qu'une lettre de change ou une autre valeur a été transmise en compte-courant ? quand peut-on dire au contraire qu'elle est restée en dehors du compte ? Y a-t-il un signe par lequel on puisse se déterminer ? on se trouve ici dans un certain embarras.

L'article 574 nous dit bien que la revendication sera possible quand il y aura eu simple mandat de faire le recouvrement de l'effet ou affectation spéciale à des paiements déterminés. Mais cela ne suffit pas. D'abord l'article 574 ne nous parle que d'un mandat, et il est bien certain que des titres déposés peuvent aussi être revendiqués, quand le dépôt a été fait à charge de rendre les objets eux-mêmes, en nature. Cela se pratique assez souvent entre des particuliers et de grands établissements de crédit, la

banque de France par exemple. Quand on envisage ainsi,
en théorie, les différentes situations qui peuvent se présenter, on n'éprouve aucune difficulté à décider que la revendication doit être admise dans tel cas, et repoussée
dans tel autre. Mais il est beaucoup plus malaisé de déter.
miner par quelles marques extérieures ces diverses situations se manifestent.

Ainsi le fait matériel de l'insertion dans le compte ne
fournirait pas un *criterium* suffisant. L'ordre des affaires
exige que l'on mentionne dans la comptabilité des opérations qui ne sont pas à proprement parler des opérations
de compte-courant, quitte à les laisser en dehors des balances périodiques qui règlent la situation des parties.
Quand une personne a ce qu'on appelle un compte-courant à la Banque de France, ce compte relate les dépôts
comme toutes les autres affaires : ce qui n'empêche nullement qu'il y ait dépôt. Il en est de même lorsqu'il s'agit
de maisons de commerce ordinaires. Ce n'est pas l'inscription faite par le récepteur sur ses livres qui peut, à
elle seule, déterminer le caractère de la transmission qui
a eu lieu. Sans cela rien ne serait plus facile au récepteur
que de transformer un mandat en remise en compte, au
préjudice de l'envoyeur, ou à l'inverse de changer une
remise en compte en mandat, au préjudice de la masse de
ses créanciers. De pareilles fraudes sont surtout à craindre
aux approches d'une faillite.

On ne peut pas davantage s'en rapporter à la forme de

l'endossement. Sans doute l'endossement des effets est généralement nécessaire pour que la propriété en soit transférée, et le porteur d'un effet de commerce, qui veut transmettre cet effet en compte-courant à son correspondant, le lui envoie avec son endos. Mais, quand je veux transmettre un effet à une personne, non pas en propriété mais à titre de mandat, et pour qu'elle en opère le recouvrement, c'est aussi de l'endossement que je me sers. En sorte que la distinction que nous cherchons à faire, nous échappe encore. On pourrait croire, à la vérité, que l'article 138 du Code de commerce offre un signe très-commode pour distinguer l'endossement-mandat de l'endossement translatif de propriété. « Si l'endossement n'est pas conforme aux prescriptions de l'article 137, il n'opère pas le transport, il n'est qu'une procuration. » Il semble donc naturel de dire : quand l'endossement de l'effet portera toutes les mentions de l'article 137, il y aura entrée en compte-courant ; quand une ou plusieurs de ces mentions manqueront, il n'y aura qu'un mandat, et par suite la revendication sera possible. Cela paraît extrêmement simple.

Malheureusement la pratique ne s'est pas pliée aux règles du Code de commerce, et si on appliquait la règle qui vient d'être posée, on arriverait à des résultats complétement faux.

Ainsi l'endossement complet, parfait, celui de l'art. 137, sert très-souvent d'instrument à de simples procurations,

Les banquiers ne font pas autrement. Ils s'envoient entre eux des effets à encaisser, avec des endossements qui ne se distinguent en aucune façon de l'endossement translatif de propriété. Aussi le banquier cessionnaire est-il traité, vis-à-vis des tiers, comme véritable propriétaire de l'effet. Mais dans ses rapports avec son cédant, il reste simple mandataire : il serait par conséquent passible des peines de l'abus de confiance, et le cédant pourrait revendiquer dans sa faillite l'effet non-aliéné. C'est par les circonstances extérieures qu'on reconnaît quelle a été l'intention des parties, car l'endossement lui-même n'offre à cet égard aucun élément de décision. (Paris, 26 février 1866, Bull. de la Cour de Paris 1866, p. 216.)

Et d'autre part l'endossement incomplet, imparfait, celui de l'article 138, sert assez souvent d'instrument à de véritables transmissions de propriété. L'article 138 ne crée qu'une présomption qui peut être détruite par la preuve contraire. On se demande, il est vrai, quel est l'effet de cette preuve contraire vis-à-vis du débiteur, et il y a sur ce point des discussions dont nous n'avons pas à nous occuper ici. Mais ce qui est certain, c'est que dans les rapports du cédant et du cessionnaire, on peut très-bien prouver que les parties ont voulu transmettre la propriété, et non pas faire un simple mandat. Nous lisons dans un arrêt de la Cour de Paris : « Si la disposition de l'art. 138 ne peut être opposée par le cédant au porteur en faveur de qui il a endossé la lettre de change, alors que celui-ci peut prouver le paiement qu'il a fait au cédant des causes de l'endossement... » (Paris, 18 mars 1858. Pal. 58, p. 354). Ici encore, c'est par des circonstances extérieures que se fera la preuve contraire ; car l'endossement ne manifeste pas par lui-même dans quelle intention il a été fait.

On voit par là que l'article 138 ne peut pas nous fournir la base d'une distinction certaine. Tout ce qu'on peut en tirer, ce sont des présomptions. Mais, dans le cas de faillite de récepteur, la masse des créanciers aura toujours le droit de prouver qu'il y a eu entrée en compte, malgré un endossement incomplet : et malgré un endossement complet, rien n'empêchera l'envoyeur de prouver qu'il y a eu simple mandat de sa part. La situation ne serait bien claire et bien nette que si l'endossement lui-même indiquait dans quel but les parties l'ont employé ; si par exemple il était causé, valeur en recouvrement. Alors il n'y aurait pas d'équivoque. Mais ce mode de procéder est rarement employé, et la jurisprudence n'a jamais songé à l'exiger.

On en revient donc toujours à cette conclusion : c'est d'après l'intention des parties que se détermine le caractère de la transmission.

La correspondance échangée est à coup sûr le meilleur signe de cette intention, et c'est elle qui le plus souvent guidera le juge. Lorsque l'envoyeur des traites avise le récepteur qu'il tire ou tirera sur lui pour une somme égale au montant de ses traites, celles-ci jouent le rôle de provision et n'entrent pas en compte-courant. C'est par ce moyen que beaucoup de maisons d'Amérique règlent les ventes qu'elles font en Europe. Elles ont des relations avec une maison de banque européenne. Si par exemple elles vendent à un négociant de Berlin, elles tirent sur ce négociant, et envoient la traite au banquier avec le connaissement des marchandises. Le banquier remet le connaissement à l'acheteur contre son acceptation des traites : jusque-là les marchandises jouent le rôle d'un gage entre les mains du banquier. Voilà la première face de l'opération. D'autre part, le négociant américain tire sur son banquier pour rentrer dans son prix de vente, et, ce qui forme la provision de cette seconde classe de traites, c'est le prix touché par le banquier. Aussi celui-ci a l'habitude de n'accepter les traites tirées sur lui qu'après l'acceptation, par les acheteurs, des traites créées à son profit. — Dans une opération de ce genre, les lettres de change ou valeurs envoyées au banquier n'entrent pas en compte-courant ; non pas que celui-ci n'en devienne pas propriétaire : car il ne joue pas dans tout ceci le rôle d'un mandataire, mais parce que le montant des traites est affecté à un emploi déterminé. Elles pourraient donc, sans aucun doute, être revendiquées, si elles se retrouvaient en nature dans le portefeuille du banquier tombé en faillite. Nous laissons de côté les droits que pourrait avoir sur cette provision, à l'encontre du tireur, le porteur des effets tirés sur le failli,

Il peut se faire d'ailleurs que des relations comme celles qui viennent d'être décrites soient mêlées, pour quelque partie, de relations de compte-courant. Tous ces mouvements de valeurs entraînent des droits de commission, ou des frais accessoires, qui forment l'objet d'un véritable compte-courant. On fait aussi entrer dans ce compte les différences accidentelles qui peuvent se trouver entre le montant des traites fournies au banquier et le montant des traites fournies sur lui. Dans le cas où les premières dépassent les secondes, le banquier a entre les mains un excédant disponible dont le montant n'est pas déterminé. Il en crédite son correspondant. Dans le cas inverse, il fait une avance dont il le débite. Le compte-courant se règle périodiquement, et les soldes se paient en valeurs.

Une situation du même genre se présente quand le montant des traites envoyées est affecté à tel ou tel achat. La propriété des traites est transférée, et pourtant elles n'entrent pas dans le compte-courant. Il ne faudrait point exagérer ceci. Prenons l'espèce suivante, empruntée à M. Feitu (nᵒ 87). Je vous remets des traites que vous encaisserez pour votre compte, et du montant desquelles vous me créditerez. En même temps je vous charge d'acheter pour moi telle marchandise, non pas immédiatement, mais quand vous jugerez l'occasion favorable. Cette occasion se présente trois mois après l'envoi. M. Feitu ne croit pas que les valeurs aient été transmises en compte-courant. La raison qu'il en donne est qu'il y a eu destination spéciale prescrite, sinon du produit de la remise, du moins d'une valeur équivalente. Cela est un peu subtil. Le récepteur a été véritable propriétaire des traites, et le montant de ces traites est resté assez longtemps dans sa caisse, pendant un temps qui n'était pas déterminé d'avance. Si l'occasion favorable ne s'était pas présentée, il est certain que la transmission des effets n'aurait pas été pour cela résolue : mais que l'envoyeur aurait tiré sur le récepteur pour recouvrer le montant des effets : ce qui ressemble beaucoup au mécanisme du compte-courant. Il est tout naturel que le récepteur crédite l'envoyeur du montant des effets, et qu'il le débite du prix d'achat, quand l'achat aura eu lieu. C'est le meilleur mode de règlement qui puisse être employé. Nous pensons donc que dans l'hypothèse dont nous parlons, le droit de revendication sera perdu pour l'envoyeur; il n'y a pas eu de sa part, à proprement parler, affectation spéciale à des paiements déterminés. Il en serait autrement si l'envoi avait été fait avec ordre d'acheter immédiatement après l'encaissement et de payer de suite en argent ou en valeurs.

Ces exemples peuvent servir à montrer quelle est, dans ces questions parfois délicates, l'importance de la correspondance. Si aucune lettre n'a accompagné l'envoi des traites, il faudra recourir à d'autres moyens. Ainsi la forme de l'endossement fournira, comme nous l'avons dit plus haut, une présomption d'une certaine force. Il pourra se faire que le compte lui-même contienne des mentions indicatives de l'emploi spécial auquel ont pu être affectées les valeurs qui y sont relatées. Il y aura lieu d'examiner quelles sont les relations ordinaires des parties, comment elles ont coutume de régler leurs opérations. Tout cela servira à guider le juge.

Aucun doute ne sera possible quand le récepteur aura escompté l'effet à l'envoyeur. Les banquiers qui sont en compte-courant avec un particulier escomptent souvent les effets qui leur sont remis, et ne créditent le remettant que de la valeur après escompte. Nous aurons à reparler plusieurs fois de ce procédé, d'abord pour nous demander s'il n'exerce pas quelque influence sur la clause sauf encaissement, ensuite pour rechercher s'il est complétement légitime. Ce qui est certain, c'est que l'endossement accompagné d'escompte implique en lui-même une transmission de la propriété de l'effet. Si donc ces deux conditions se trouvent réunies, il n'y aura aucun doute possible, et le droit de revendication sera perdu pour celui qui a remis les valeurs. Il sera absolument dans la condition d'un vendeur de marchandises qui aurait fait tradition. Car l'endossement est le mode de tradition des effets de commerce, et l'escompte montre que la tradition a été faite *vendendi animo*.

On ne doit pas confondre avec le droit de revendication dont parle l'article 574, le droit que l'expéditeur peut avoir, dans quelques hypothèses, de reprendre les valeurs par lui envoyées. Il s'agit, dans l'article 574, d'effets qui n'ont pas dû entrer dans le compte-courant, qui par conséquent sont restés propriété de l'envoyeur, ou qui du moins sont devenus propriété du récepteur avec une affectation spéciale. Ils peuvent être revendiqués quand ils existent en nature. Mais quelquefois des effets qui ont été expédiés sans aucune affectation, avec l'intention bien précise et bien nette, de la part de l'envoyeur, de les remettre en propriété et de les faire entrer dans le compte-courant, restent néanmoins en dehors et ne cessent pas d'appartenir à l'envoyeur. Voici une espèce qui s'est présentée. Un banquier est chargé par son client de retirer de la circulation un billet à ordre souscrit par un sieur Jacquelot. Le banquier exécute cet ordre, paie le billet, se le fait endosser, et le renvoie à son client. Ce renvoi a lieu le 22 février. Dès le 19 février, le client était en faillite. Le banquier réclame à la faillite le billet qu'il a envoyé. Il perd son procès devant la Cour de Dijon, par les motifs que voici : «... il est impossible de ne pas voir dans le renvoi, un dessaisissement absolu, de la part des fils Goudchaux, du billet dont il s'agit : dès lors la demande en revendication était exclue par l'art. 574 du Code de commerce, qui limite les cas de revendication contre le failli à ceux où les remises en effets de commerce ou tous autres titres non encore payés auraient été faites par le propriétaire, avec le simple mandat d'en faire le recouvrement, et d'en garder la valeur à sa disposition, ou lorsqu'ils auront été, de sa part, spécialement affectés à des paiements déterminés ;... également l'ignorance où pouvaient être les fils Goudchaux de la situation des affaires de Valory ne peut, sous aucun rapport, vicier la transmission du billet litigieux ; autrement l'article 574 resterait sans application, tous les auteurs de semblables remises d'effets pouvant affirmer qu'ils ignoraient que ceux à qui ils étaient envoyés étaient dans une situation telle, que leur faillite pouvait être déclarée. » (Dijon, 6 janv. 1845. Pal. 46, 2, 502.)

Cet arrêt raisonne bien, mais en partant d'un point de départ faux. Il est bien certain que le billet avait été renvoyé sans affectation spéciale, et par conséquent qu'il ne pouvait être question de la revendication autorisée par l'article 574. Si le billet était arrivé au destinataire la veille de la faillite au lieu d'arriver le lendemain, on aurait pu opposer au banquier l'article 574, sans réplique possible. Mais le billet avait été envoyé et reçu après la faillite, et dès lors il s'agissait de savoir si la transmission de propriété, qui était bien dans l'intention de l'expéditeur, avait pu s'opérer. Aussi l'arrêt de Dijon a-t-il été cassé, pour les motifs suivants : « Attendu que l'opération par laquelle un commerçant adresse à un autre commerçant des valeurs destinées à être portées au crédit de son compte-courant est un contrat bilatéral, qui, aux termes des articles 1102, 1108 et 1175 du Code civil n'acquiert son complément que par le consentement réciproque des deux parties qu'il oblige, et par l'accomplissement des conditions auxquelles les parties ont entendu subordonner son existence, qu'ainsi la translation de la propriété des dites valeurs n'est consommée et ne devient définitive que lorsqu'une personne ayant capacité à cet effet a dûment consenti à les recevoir aux conditions stipulées. » (Cass. 20 juil. 1846. Pal. 46, 2, 502). Il y a donc là une revendication d'un autre genre que celle de l'article 574. Cet article s'applique uniquement à des effets envoyés avant la faillite : ce qui le montre bien, c'est que nous y lisons : « qui se trouveront en nature dans le portefeuille du failli à l'époque de sa faillite. » Une fois la faillite arrivée, aucune transmission de propriété n'est plus possible, et il n'y a plus à tenir compte de l'intention des parties, comme on le fait pour les envois de la période antérieure.

II. Les effets de commerce ont été transmis en compte-courant, c'est-à-dire que la propriété en a été transférée de l'envoyeur au récepteur, et que d'autre part le récepteur a crédité l'envoyeur du montant des effets. Ce crédit est venu se fondre dans le compte-courant. L'opération est terminée, et il semble qu'il n'y ait plus à y revenir.

Il en serait ainsi, en effet, si, au lieu d'effets de commerce, on avait envoyé de l'argent ou des billets de banque. Mais celui qui m'endosse une lettre de change ne fait que me céder une créance en m'en garantissant le paiement, et il ne peut être considéré comme m'ayant bien réellement fourni une somme que le jour où, soit chez lui, soit chez quelque autre obligé , j'ai encaissé le montant de l'effet. Jusque-là, je n'ai entre les mains qu'une créance, et si l'on peut dire avec vérité que cette créance vaut son équivalent d'argent, lorsque les débiteurs sont *in bonis*, cela cesse d'être vrai dès que les débiteurs sont en faillite. Ce sont là des principes élémentaires.

Ces principes, appliqués à la matière des comptes-courants, ont produit toute une théorie compliquée, délicate, et dont nous abordons maintenant l'étude. Un seul exemple fera saisir l'intérêt pratique très-vif qui s'attache à ces questions.

Deux négociants sont en compte. L'un d'eux envoie à l'autre un billet à ordre de 1000 fr. Le récepteur crédite l'envoyeur de 1000 fr. L'envoyeur tombe en faillite et donne 50 0/0 de dividende. Si le crédit donné est maintenu, le récepteur devra 1000 fr. à la faillite, et n'y recevra que 500 fr. sur son billet. Il perdra donc 500 fr. Pour éviter cette perte, il dira à son correspondant : je vous ai crédité au moment de l'envoi de votre billet, sous la condition implicite que votre billet serait payé à l'échéance : du moment qu'il ne l'est pas, je vais annuler le crédit que je vous ai donné en échange, et débiter votre compte du montant de l'effet, par une contrepassation. Le résultat sera que notre compte se soldera par 0.

Quand il y a eu à cet égard convention formelle, aucune difficulté ne se présente. Mais le récepteur a-t-il le droit de contrepasser ainsi quand rien n'a été convenu, ou en d'autres termes la clause sauf encaissement est-elle sous-entendue dans les comptes-courants ?

Voici les principales raisons qui ont été données contre l'application de la clause. D'après l'article 136 du Code de commerce, la propriété d'une lettre de change se transmet par la voie de l'endossement. L'article 187 soumet le billet à ordre à la même règle. La remise d'un effet, que ce soit en compte-courant ou autrement, en transporte donc la propriété. L'existence d'un compte-courant entre les parties ne change rien à ces principes. Il y a toujours des remises de propriété, et l'une des parties les reçoit parce qu'elle a confiance dans la solvabilité de l'autre. Maintenant la faillite du remettant vient à se déclarer, et l'effet n'est pas payé. Il se passe alors ce qui se passe dans toutes les circonstances analogues : le récepteur a un recours contre l'endosseur pour le montant de l'effet, parce qu'il a reçu de l'endosseur une valeur qui n'en était pas une. Il prend donc, vis-à-vis de la faillite, la qualité de créancier, et il recevra sur sa créance un dividende, comme tous les autres créanciers. — De quel droit réclamerait-il une situation privilégiée ? Pourquoi compenserait-il sa dette de récepteur avec sa créance de porteur impayé ? Son compte-courant s'est arrêté par le fait de la faillite, et cet événement a tout fixé : à ce moment le failli était crédité du montant de l'effet qu'il avait remis. Le récepteur est devenu créancier plus tard, par suite du non-paiement; mais aucune compensation n'est plus possible après la faillite, et il faut bien qu'il se résigne à payer toute sa dette en ne recevant qu'un dividende sur sa créance. C'est le sort commun de tous ceux qui ont traité avec le failli, qui ont eu confiance en lui, et qui en portent la peine. Si l'on admettait la compensation pour le récepteur en compte-courant, il n'y aurait aucune raison pour en refuser le bénéfice à tous les autres créanciers. — Il y avait d'ailleurs pour le correspondant un moyen bien simple de se mettre à couvert, c'était de stipuler formellement la clause sauf encaissement. (Cass. 9 janv. 1838. Pal. 38, 1, 109. 27 avril 1846. Pal. 46, 2, 622. Rouen, 13 déc. 1841. Pal. 44, 1, 445. Rouen, 18 juin 1845. Pal. 46, 1, 439. Dijon, 29 avril 1847. Pal. 48, 2, 4.)

Toutefois, l'opinion contraire a si bien prévalu dans la jurisprudence, qu'aujourd'hui la question ne se plaide plus. Les résistances de la Cour de cassation ont été vaincues par la puissance de l'usage commercial, et aujourd'hui la maxime : entrée en compte-courant n'est donnée que sauf rentrée, est appliquée à l'égal d'un article de loi. Il est facile de répondre aux adversaires de la clause sauf encaissement que les articles 136 et 187 n'ont rien à faire ici parce que personne ne conteste que la transmission de propriété ait été définitive. Mais le crédit donné à l'endosseur n'a été que provisoire, subordonné à la condition sous-entendue du paiement de l'effet. Ce crédit est une sorte de quittance : si on l'a donné de mille francs pour une remise qui ne vaut rien, il est bien évident que le crédit est sans cause et doit être rayé. Que l'on suppose un débiteur de la faillite, auquel les syndics réclament le paiement, et qui répond : je ne dois rien, niant ainsi l'existence de son obligation. On ne dira certes pas que ce débiteur invoque une compensation contre la faillite, quand même l'événement qui l'a libéré serait postérieur à la faillite. C'est précisément ce qui se passe pour le récepteur en compte-courant. Il a reçu une lettre de change et en a donné crédit. Si plus tard, quand on lui demande le montant de ce crédit, il répondait aux syndics : l'article 164 me donne une action contre mon endosseur, et je vais compenser cette action avec celle que vous donne contre moi la remise de l'effet : on pourrait alors lui opposer les principes de la faillite, parce qu'il prétendrait établir une compensation entre deux dettes. — Est-ce là ce qui se passe ici ? En aucune manière. Le récepteur ne prétend invoquer aucune créance, exercer aucune action contre le remettant : il veut seulement rayer du compte un crédit donné sans cause, sur une mauvaise valeur, comme il rayerait celui qu'il aurait donné pour remise d'un billet de banque faux. Il n'y a pas là compensation, parce qu'il n'y a pas deux dettes.

Ces considérations empruntent une nouvelle force à la nature des relations de compte-courant. Celui qui reçoit

les valeurs n'en a, en général, aucun besoin, et ne les a
pas demandées à l'envoyeur. C'est celui-ci qui a pris l'i-
nitiative, et qui a fait l'envoi pour sa commodité personnelle, non pour celle de son correspondant. Il avait par
exemple entre les mains des traites sur Marseille, et
comme il se trouvait en relations de compte avec un
négociant de Marseille, il les lui a expédiées. Celui-ci en
a donné crédit, les a présentées à l'échéance, et les a pro-
testées. Il est tout naturel qu'il annule alors le crédit
qu'il avait donné : et cette circonstance que l'envoyeur
est en faillite ne change rien à la situation. On ne peut
reprocher au récepteur la confiance qu'il a eue dans l'envoyeur ; car il n'a eu aucune confiance ; le crédit qu'il a
donné était subordonné à l'encaissement. Ce reproche n'a
donc pour effet que de résoudre la question par la question. Quant à cette autre objection, «pourquoi n'a-t-on pas
stipulé formellement la clause? » elle ne porte pas davantage. Il serait contraire aux bonnes relations que suppose
le commerce de manifester vis-à-vis d'une signature des
défiances injurieuses. Il est bien plus simple et bien plus
convenable que la clause soit sous-entendue. J'ajoute que
cela est bien plus raisonnable : il ne vient à l'esprit de personne de stipuler, en contractant une obligation, que cette
obligation sera nulle si elle n'a pas de cause : il serait
tout aussi superflu de stipuler, en donnant un crédit pour
une valeur fournie, que ce crédit sera nul s'il n'y a pas
eu, en réalité, de valeur fournie.

Par conséquent, si l'effet n'est pas payé à l'échéance, le récepteur annulera le crédit qu'il a donné. Il ne se fera pas ainsi la position d'un créancier privilégié, mais bien d'un débiteur qui prouve que sa dette est éteinte. L'annulation du crédit s'opérera au moyen d'une contre-passation, c'est-à-dire que le récepteur portera au débit du failli une somme égale au montant de l'effet, et que le solde ne se calculera qu'en tenant compte de cette contre-passation. On arrivera ainsi à n'établir le solde que sur des valeurs réelles. Il serait trop long d'énumérer les arrêts qui ont consacré cette solution. Nous ne faisons qu'indiquer les principaux. (Nanci. 10 décembre 1842. Pal. 43, 2, 324.—Paris, 12 novembre 1844, Pal. 44, 2, 517. — Douai, 5 mars 1845, Pal. 45, 1, 596. — Cass. 10 mars 1852, Pal. 52, 1, 363. — Cass. 26 juillet 1852, Pal. 54, 1, 345. — Paris, 2 mars 1849, Pal. 50, 1, 318. — Bordeaux, 3 janvier 1860, Pal. 60, 1134). L'unanimité est aussi à peu près complète entre les auteurs. (Voir Noblet, n° 93 et suivants. — Delamarre et Le Poitvin, *Contrat de Commission*, t. II, p. 496. — Massé, le *Droit Commercial dans ses rapports avec le Droit des gens et avec le Droit civil*, t. IV, p. 200.—Feitu, *Revue pratique*, t. XIX, p. 212.)

La règle qui vient d'être exposée resterait applicable quand même il y aurait eu, entre le moment de l'envoi et l'échéance du billet, un arrêté de compte, à la suite duquel le solde aurait été reporté, comme solde à nouveau, dans un compte suivant. Cette circonstance n'empêcherait pas la contre-passation, puisqu'on aurait fait entrer, comme élément de la fixation du solde, un crédit qui n'avait pas de cause. Les principes de la novation ne s'opposeraient pas à ce résultat, parce qu'on ne peut nover qu'une dette qui existe, et que s'il vient à être démontré que la dette novée n'avait pas d'existence sérieuse, la novation s'écroule du même coup. (Voir Douai, 7 mai 1846, Pal. 47, 1, 131).

Nous avons supposé jusqu'à présent qu'un effet de commerce, de 1,000 fr. par exemple, a été transmis par l'un des correspondants à l'autre, et porté par le récepteur au crédit de l'endosseur pour son montant intégral, soit 1,000 fr. valeur au jour de l'échéance. Ces derniers mots signifient que si la remise a eu lieu le 1er juillet, mais que l'échéance en tombe le 15 août, le crédit sera bien donné le 1 juillet pour 1,000 fr., mais ne portera intérêt qu'à partir du 15 août. Supposons maintenant qu'au lieu d'opérer ainsi, le récepteur ait escompté l'effet au jour de la remise ; c'est-à-dire qu'au lieu de créditer le remettant pour 1,000 fr., montant nominal de l'effet, il le crédite pour 1,000 fr., moins l'intérêt de 1,000 fr. jusqu'au 15 août, c'est-à-dire pour 993 fr. environ. Si le remettant vient ensuite à tomber en faillite, et que l'effet ne soit pas payé, le récepteur pourra-t-il encore invoquer la clause sauf encaissement, et annuler le crédit par une contre-passation d'écritures ?

La jurisprudence n'est pas d'accord sur cette question

délicate. Nous sommes portés à croire, avec la Cour d'Orléans et la Cour de Cassation, (arrêts du 4 août 1857 et du
16 mars 1858. Pal. 58, 187), que l'escompteur peut néanmoins invoquer le bénéfice de la clause, tout comme s'il
avait crédité le remettant pour le montant intégral de
l'effet. Le système contraire, adopté par la Cour de Paris (27 avril 1850, Pal. 50, 1, 612) s'appuie sur la nature
particulière de l'opération d'escompte. L'escompte est un
véritable achat de l'effet, entraînant un dessaisissement
absolu et irrévocable de la propriété. Que l'on admette le
caractère provisoire du crédit quand il y a eu simple remise d'une valeur, cela se comprend ; mais ici nous
avons une véritable vente ; le prix d'achat, au lieu d'être
versé directement par l'acquéreur au vendeur, a été
laissé en compte-courant par l'endosseur à l'escompteur ;
mais cette circonstance ne change rien à la situation des
parties, et n'empêche pas l'opération d'être parfaite. « La
cession définitive et absolue, dit la Cour de Paris, ne peut
faire de doute lorsque celui qui se rend acquéreur de
l'effet escompté en fournit à disposition immédiatement
le net produit en espèces ou valeurs, y compris l'intérêt
à compter du jour de la remise, lorsque le produit de la
négociation n'est pas touché immédiatement par le re-
metteur. » C'est le dernier cas qui se présente quand le
prix est laissé en compte-courant, mais il n'y a pas moins
un escompte, c'est-à-dire une opération sur laquelle on ne
peut revenir.

La Cour d'Orléans pense au contraire, avec grande raison, qu'il faut s'en rapporter à l'intention des parties, et que, malgré l'escompte, la clause sauf encaissement doit être sous-entendue. Il est certain d'abord que la transmission de propriété n'est ni plus ni moins absolue quand il y a escompte que quand il n'y a pas escompte, par le motif fort simple qu'elle est déjà aussi absolue que possible quand il n'y a pas escompte. La preuve en serait dans l'article 574, qui interdit la revendication des effets remis en compte-courant, sans se préoccuper de l'escompte. Parler de dessaisissement plus ou moins complet, c'est déplacer la question. Ceci mis de côté, les raisons de décider sont toujours les mêmes. Le crédit n'a été donné que sous la condition implicite de l'encaissement, et, la faillite du remettant arrivée, il s'agit, non de compenser une créance avec une autre créance, mais d'annuler un crédit qui n'a plus de cause. Quant à l'escompte, il n'a été qu'un procédé de comptabilité, employé pour simplifier les écritures. Au lieu de porter au compte le montant intégral de l'effet, sauf à ne lui faire produire intérêt que dans quarante-six jours, n'est-il pas plus naturel de lui faire porter intérêt à partir du jour de la remise, sauf à diminuer le capital des intérêts qu'il portera pendant ces quarante-six jours? Le résultat est le même, ou à peu près, et la complication des écritures beaucoup moindre. Cela ne change rien à la nature de l'opération, qui reste toujours une remise en compte-courant. Tel est le résumé de l'arrêt d'Orléans, et la Cour de cassation a rejeté en ces termes le pourvoi formé contre cet arrêt : « Attendu... que pour décider que les remises avaient le caractère de compte-courant et devaient en produire les effets, la Cour Impériale d'Orléans s'est fondée sur ce que les parties n'avaient pas entendu se restreindre à de simples opérations d'escompte, après chacune desquelles Chambert-Lefèvre et Cie se seraient constitués débiteurs fermes d'une somme d'argent représentant le prix de chaque cession, mais qu'elles avaient eu l'intention clairement manifestée par les actes, de se placer dans les règles et conditions de compte-courant tel que, selon les usages du commerce, il s'établit entre les banquiers et les commerçants ; — que la Cour Impériale a reconnu en outre que la déduction opérée par les sieurs Chambert-Lefèvre et Cie sur la valeur nominale des remises était conforme à la pratique commerciale ; que ce n'était en réalité qu'une forme d'écriture employée pour simplifier les calculs, et qui ne touchait pas au fond des choses. . Rejette. »

Maintenant que nous avons justifié en principe la clause sauf encaissement, il s'agit de voir dans quels cas elle est applicable et quels en sont les effets. Nous ne retrouverons ici, ni parmi les auteurs, ni parmi les arrêts, l'accord presque universel qui s'est formé sur la question générale.

III. Il importe de bien comprendre quelle est la situation de deux parties dont l'une a remis à l'autre des effets de commerce en compte-courant, lorsque les effets ne sont pas payés. Le récepteur a le choix entre deux attitudes différentes.

1° Il peut considérer comme une opération définitive la négociation qui a fait parvenir les traites entre ses mains. Il exercera alors les droits ordinaires d'un porteur d'effet de commerce ; c'est-à-dire qu'il pourra agir contre tous les signataires qui le précèdent, y compris son correspondant ; qu'il sera soumis à la prescription quinquennale ; qu'il pourra bénéficier de l'art. 542 du Code de Commerce et produire pour le montant intégral de l'effet dans les faillites de tous les souscripteurs précédents : en un mot il se conduira comme s'il n'y avait pas de compte-courant entre son cédant et lui, comme si une opération ordinaire d'endossement s'était passée entre eux.

2°. Il peut user de la condition résolutoire que contient en elle-même la clause sauf encaissement, c'est-à-dire annuler le crédit qu'il a donné pour la remise. On remettra alors les choses dans l'état où elles se trouvaient avant la transmission de la traite. Le récepteur abdiquera sa qualité de porteur, et dira à l'envoyeur : votre traite ne vaut rien, je n'en veux pas, je vous la restitue, et je vous retire le crédit que je vous avais donné en échange. Le crédit est annulé, et tout se règle comme si l'effet n'avait pas été transmis en compte-courant. Comme le récepteur n'est plus porteur, il n'a plus vis-à-vis des tiers cette qualité dont il ne veut pas, et il ne peut s'adresser à eux. C'est l'envoyeur, rentré en possession de sa traite par l'effet de la clause, qui s'adressera à ceux qui le précèdent, s'il le juge à propos, ou qui invoquera à son tour la clause sauf encaissement si, lui aussi, avait reçu la traite en compte-courant d'un propriétaire antérieur.

Telle est, dans ses termes les plus nets, l'alternative qui se présente au récepteur. Il peut en user par cela seul qu'il n'est pas payé intégralement. De ce qui précède, il résulte déjà deux conséquences simples, et qui nous paraissent certaines.

D'abord, si le récepteur prend le second parti, celui de la contre-passation, il ne peut le prendre que pour le montant de l'effet et non pour les frais accessoires auxquels le non-paiement a donné lieu. Ceci n'a pas grande importance si l'envoyeur n'est pas en faillite : mais s'il est failli, la créance des frais sera simplement admise au passif, et ne donnera droit qu'à un dividende, tandis que la contre-passation pour la valeur de l'effet produira le même résultat qu'une compensation et indemnisera le récepteur. La raison en est facile à comprendre : la réclamation des frais a son origine dans un fait postérieur à la faillite, le non paiement, tandis que la contre-passation résulte de la transmission, antérieure à la faillite. L'opération étant rescindée, et le compte arrêté, le récepteur a,

pour les petits frais qu'il a pu faire, une sorte d'action en
dommages-intérêts, qui n'a aucun droit à un privilége.

Supposons maintenant que le récepteur a négocié l'effet à un tiers, et a reçu le prix de cette négociation. La
faillite de l'envoyeur arrive, et le tiers-porteur qui pourrait agir, soit contre le récepteur, qui est son endosseur
immédiat, soit contre l'envoyeur, endosseur plus éloigné,
préfère demander le montant intégral à son cédant immédiat, qui paie. Nous n'envisageons pour le moment que
cette hypothèse, parce que nous n'en sommes encore
qu'aux solutions simples. Voilà donc l'effet revenu aux
mains du récepteur, qui a restitué au tiers-porteur ce
qu'il en avait reçu, et se trouve exactement dans la même
situation que s'il n'avait jamais endossé. Aura-t-il encore le bénéfice de l'alternative que nous avons exposée
plus haut, ou bien ce seul fait d'avoir négocié l'effet l'aura-t'il fait déchoir du bénéfice de la clause pour lui imposer inexorablement la qualité de simple porteur ? Ici,
nous commençons à trouver quelque hésitation, non pas
dans la jurisprudence, mais dans la doctrine. On peut
dire qu'en négociant la traite, le récepteur a renoncé à
son droit éventuel de contre-passation : qu'il a
supposé la valeur sérieuse, puisqu'il l'a mise dans le
commerce, et que l'encaissement s'est réalisé pour
lui par le prix qu'il a reçu lors de la négociation.
Sans doute il a été forcé de rembourser ce prix, et ce
remboursement lui donne un recours contre les endos-

seurs précédents ; mais c'est là une créance, soumise à la loi commune de la faillite, dérivant des règles du Code de Commerce sur la lettre de change : le droit de contre-passer n'existe plus. (Massé, Revue de Législation, 1846). — Cette opinion pèche par trop de subtilité. Il est difficile de comprendre pourquoi il y aurait une différence entre la situation du récepteur qui n'a pas né-gocié, et celle du récepteur qui, après avoir négocié, ren-tre en possesion de la traite par le remboursement qu'il en a fait. L'encaissement qu'il a reçu en négociant était provisoire, subordonné à la bonté de la valeur négociée : il l'a rendu, et dès lors rien ne l'empêche d'invoquer contre l'envoyeur la clause sauf encaissement. (Cass. 25 juin 1862. Pal. 62, 1172.)

Il n'y a d'ailleurs aucune contradiction, quoiqu'en dise M. Feitu (n° 138), entre cette solution et celle que nous avons donnée plus haut pour les frais accessoires. La ré-solution de l'opération fait que l'opération est annulée pour le montant de l'effet, mais il reste toujours cette créance des frais, qui résulte du non-paiement, qui existe malgré la résolution de l'opération, et qui ne peut être traitée que comme une créance ordinaire.

Jusqu'ici nous avons marché sur un terrain solide. Mais les questions se compliquent si nous supposons, soit plusieurs souscripteurs précédant le récepteur, soit un cessionnaire du récepteur s'adressant à l'envoyeur, soit le récepteur en faillite.

Toutes ces difficultés sont dominées par une règle générale, qui nous paraît certaine, quoi qu'elle ne soit pas universellement admise, et qu'il importe avant tout de mettre en lumière.

Le récepteur est, nous l'avons dit, dans une alternative. Il peut, à son choix, maintenir ou résoudre la cession qui a fait parvenir l'effet entre ses mains. Dans un cas il maintient le crédit donné à l'envoyeur, dans l'autre il le supprime. Prenons des chiffres. Le compte laissait au 1 octobre, le récepteur créditeur de 1,000 fr. Son correspondant lui envoie le 5 octobre un billet de 2,000 fr. dont il est le seul souscripteur. Par l'inscription de cette opération au compte, la balance change, et c'est l'envoyeur qui devient créditeur de 1,000 fr. Puis l'envoyeur tombe en faillite. Le dividende qu'il donne est de 25 p. 0/0. Voilà le récepteur en présence de l'alternative qui nous est connue. S'il opte pour le rôle de porteur et qu'il maintienne la cession, il produira pour 2,000 à la faillite, mais il aura à payer de son côté 1,000 fr., balance du compte. — S'il aime mieux contre-passer, il annulera le crédit de 2,000 fr., rendra l'effet; et redeviendra ce qu'il était le 1 octobre, créancier de 1,000 fr. en vertu de la balance du compte-courant.

Mais le récepteur pourrait avoir une autre idée, et tenir à la faillite de l'envoyeur le langage suivant : le billet de 2,000 fr. que j'ai entre les mains me donne un dividende de 500 ; par conséquent la remise de ce billet, qui m'a été faite le 5 octobre, n'était une remise sérieuse que jusqu'à concurrence de 500 ; je vais maintenir pour 500 fr. le crédit que j'ai donné alors à l'envoyeur, et contre-passer pour 1500, ce qui me reconstituera créancier par compte-courant pour 500. — Je toucherai ainsi 500 fr. de dividende sur les 2,000, plus 125 fr. de dividende sur les 500.—Ce mode de procéder serait, à coup sûr, très-avantageux pour le récepteur ; mais nous avons à peine besoin de montrer combien il choque tous les principes. Du moment que le récepteur agit comme porteur de l'effet, contre son endosseur, au moyen des actions que lui donne le titre lui-même, tout est dit, son choix est fait, et apparemment, il considère la transmission comme sérieuse, puisqu'il se conduit comme propriétaire de l'effet. Il n'en reçoit pas le montant intégral, parce que le débiteur est en faillite ; mais il a tout demandé, et par conséquent il a choisi la qualité de créancier. Il est désormais non recevable à invoquer la clause sauf encaissement pour détruire une opération dont il a tiré profit et dont il s'est prévalu.

Nous retrouvons ici ce qui se passe quand un débiteur est obligé, sous une alternative, à livrer une chose ou une autre. Il peut choisir, mais il ne peut pas livrer une partie d'une chose et une partie de l'autre. Il en est de même du récepteur. Il peut choisir, mais il ne peut pas prendre pour moitié la qualité de porteur sérieux, et invoquer pour l'autre moitié la condition résolutoire. Veut-

il, oui ou non, que l'opération subsiste ? Si oui, qu'il tire
de son billet tout le parti qu'il pourra ; sa situation est
réglée par les dispositions du Code sur les effets de commerce ; il est un porteur comme tout autre, et le crédit
qu'il a donné doit être maintenu. Si non, la situation est
encore très-nette : le crédit sera rayé, l'effet restitué, et
tout se passera comme si le récepteur n'avait jamais eu
l'effet entre les mains. Mais toute mesure intermédiaire,
toute combinaison de deux manières d'agir aussi opposées, est impossible.

L'intervention d'autres personnages dans l'opération
va-t-elle changer quelque chose à ces principes et rendre
divisibles les deux membres de l'alternative ? Nullement.

Si l'envoyeur n'est pas le souscripteur unique de l'effet, s'il y a d'autres endosseurs, qui précèdent tous le
récepteur, voici ce qui va se passer. Le récepteur pourra
toujours choisir. Veut-il maintenir l'opération et se conduire en porteur ? Il aura contre tous ceux qui le précèdent l'action que lui donne l'article 164 du Code de
commerce : si plusieurs d'entre eux sont en faillite, il
pourra produire dans chaque faillite pour le montant
total de l'effet, d'après l'article 542, et il n'y aura pas de
recours entre ces diverses faillites, parce que chacune
d'entre elles sera supposée avoir payé le tout, d'après l'article 543 : s'il y a un excédant disponible, il appartiendra
à celui des endosseurs qui avait les autres pour garants :

— en un mot ce sont les règles ordinaires des effets de commerce qui s'appliqueront, et, par contre, on main- tiendra au compte le crédit donné par le récepteur. Voilà l'une des deux branches de l'alternative. — Le récepteur veut-il au contraire contrepasser ? Rien de mieux, on annule le crédit, on rescinde l'opération : le récepteur ne se conduit pas comme un porteur, et tout se passe comme s'il n'avait jamais eu l'effet entre les mains. L'envoyeur rentré en possession de sa traite exerce ensuite tel recours qu'il juge convenable contre ceux dont les signatures précèdent la sienne.

Mais, ici encore, le récepteur pourrait s'aviser d'un moyen parti. Il commence par attaquer un des souscrip- teurs précédents, usant ainsi de sa qualité de porteur. S'il en obtient un paiement intégral, il s'arrête là, et tout est dit. Mais si ce souscripteur est en faillite et ne donne qu'un dividende de moitié, le récepteur encaisse ce dividende, et dit ensuite à la faillite de son envoyeur: votre effet ne m'a produit que 50 au lieu de 100 ; je vais garder ces 50, et contrepasser pour les 50 autres. Cette façon d'agir serait-elle légale ? Évidemment non, pour les raisons qui nous sont déjà connues. Du moment que le récepteur s'arme de sa qualité de porteur pour réclamer tout le montant de l'effet, il a fait son choix, et ne peut plus demander la contrepassation, — Mais, dira- t-il, je ne me suis prévalu de ma qualité de porteur que vis-à-vis du tiers souscripteur, et je conserve entier, vis-

à-vis de l'envoyeur, le droit de demander la contrepassation ! — Ce raisonnement ne peut être admis, et voici
pourquoi. En s'adressant au tiers pour lui demander le
paiement de l'effet, le récepteur a réclamé le montant
intégral, et par conséquent invoqué pour le tout sa qualité de porteur. Il n'a reçu que 50, mais il a demandé 100,
et le tiers est supposé avoir payé 100. Maintenant, si le
récepteur s'adressait à la faillite de son envoyeur, et s'il
y produisait comme porteur, c'est-à-dire s'il persistait
toujours dans la même branche de son alternative, il
pourrait, par une faveur exceptionnelle de la loi, demander encore 100 à cette seconde faillite. Au lieu de cela,
il contrepasse pour ce qu'il n'a pas reçu dans la première.
Les choses sont-elles encore entières, de manière que la
contrepassation puisse tout rétablir dans le même état
que s'il n'y avait pas eu transmission ? En aucune façon.
Si le récepteur n'avait pas commencé par attaquer le tiers
tout serait pour le mieux, et l'envoyeur recouvrerait,
avec son effet, le droit d'attaquer ce tiers. Mais il n'en est
plus ainsi : le tiers est complétement libéré, et le récepteur en a reçu son paiement en monnaie de faillite.
Comme il ne veut pas se poser en porteur vis-à-vis de son
cédant, il ne peut pas invoquer le bénéfice exorbitant de
l'article 542, et la loi le traite comme un porteur payé. —
D'autre part, il ne peut pas rétablir l'état de choses d'a-
vant la remise, puisque l'envoyeur auquel il rendrait
l'effet ne pourrait plus s'adresser au tiers-souscripteur

et en serait empêché par l'article 543. C'est par son fait que le récepteur a créé cette impossibilité : elle n'existerait pas s'il avait simplement contrepassé, sans prendre vis-à-vis de personne l'attitude de porteur : il a fait son choix quand personne ne l'y forçait, il ne peut plus revenir là-dessus, et tout ce qui lui reste à faire, c'est d'invoquer l'article 542, et de produire, comme porteur de l'effet, à la faillite de son envoyeur.

Cette opinion, qui nous paraît la plus logique, est loin d'être généralement admise. M. Massé invoque pour la combattre le caractère absolu de la transmission de propriété qui a accompagné l'endossement. Vis-à-vis des tiers, dit-il, le récepteur reste propriétaire de l'effet, tout en invoquant la clause : il reste même propriétaire de l'effet vis-à-vis de son cédant : c'est le crédit seul qui est rayé. Rien ne l'empêche donc d'invoquer l'article 542 contre les tiers, tout en usant du bénéfice de la clause. — Nous ne contestons pas au récepteur le droit d'invoquer l'article 542, mais à condition qu'il se place dans les conditions de l'article 542, c'est-à-dire qu'il se présente comme porteur à chacune des faillites. Est-ce cela qu'il veut faire ? Pas le moins du monde. En se présentant à la faillite de son envoyeur, il veut laisser à la porte cette qualité de porteur dont il s'est précédemment autorisé contre le tiers, et il prétend, non pas exercer un recours, mais rayer un crédit pour la partie du montant de l'effet qui n'a pas été payée. C'est alors que nous sommes fondés à lui demander : pour cette fraction du montant de l'effet que vous voulez rayer, les choses sont-elles encore entières ? quand vous aurez rayé notre crédit, pourrons-nous à notre tour recourir contre notre cédant ? Non, et c'est le récepteur qui nous a privés de ce droit, en poursuivant le tiers pour le tout. Dès lors il ne peut réclamer contre nous une contrepassation dont il a, par son fait, aggravé les effets. Qu'il conserve sa qualité de porteur, il pourra encore nous demander le tout, à cause de l'article 542 : mais cet article ne lui donne aucun autre droit. C'est ainsi qu'on peut répondre à l'objection de M. Massé. Il faut remarquer qu'un arrêt de Cassation (5 février 1861) cité par ce jurisconsulte à l'appui de son opinion, n'est nullement contraire à la nôtre, puisqu'il attribue simplement au récepteur le droit d'user de l'article 542, s'il ne veut pas user de la clause sauf encaissement.

On a dit aussi : si le récepteur avait plusieurs traites au lieu d'une seule, et que l'une de ces traites fût payée, les autres ne l'étant pas, le récepteur aurait sans doute le droit de contrepasser celles-ci en maintenant seulement le crédit donné pour la traite payée. Pourquoi n'en serait-il pas de même d'une traite unique, dont une partie seulement a été payée ? Cette différence est facile à expliquer. D'abord on ne peut dire qu'une partie seulement de l'effet a été payée : il a été payé en entier, en monnaie de faillite. Ensuite, s'il y avait quatre effets au lieu d'un, et que le récepteur n'eût agi contre le tiers que pour un seul, il pourrait contrepasser pour les trois autres, parce qu'à l'égard de ceux-là les choses seraient restées entières, et l'envoyeur aurait son recours contre les souscripteurs qui le précèdent. Au contraire il ne pourrait y avoir contrepassation pour l'effet qui a fait la base de poursuites contre le tiers, quand même il n'y aurait eu qu'un très-mince dividende payé sur cet effet, parcequ'à l'égard de celui-là le récepteur aurait opté pour la qualité de porteur, et rendu la contrepassation impossible en prenant pour lui le recours que cette contrepassation devait ouvrir à son cédant. L'assimilation que l'on tente de faire n'est donc pas fondée.

La solution qui se dégage de tout ce qui précède est donc celle-ci : pas de contrepassation quand le récepteur s'est conduit en porteur vis-à-vis des endosseurs précédents.

Mais il y a un tempérament nécessaire, et que déjà l'on a pu entrevoir. Ce qui rend la contrepassation non-recevable, c'est, avons-nous dit, l'opération déjà faite par le récepteur, qui, en attaquant le tiers pour le tout, a rendu impossible à l'envoyeur tout recours contre ce tiers. Si le récepteur renonce au bénéfice de cette action contre le tiers, et abandonne à l'envoyeur le dividende qu'il en a retiré ; alors tout sera remis en état, et rien n'empêchera plus la contrepassation. L'envoyeur n'aura plus à se plaindre, puisqu'il recouvrera par là tout ce que lui aurait donné son recours contre le tiers, et que tout se passera comme si le récepteur n'avait jamais agi, contre personne, en qualité de porteur de l'effet. On va voir par des chiffres comment se règlera l'opération, et se concilieront les intérêts divers qui sont en cause.

Au 1er octobre, l'une des parties en compte était créditrice de 1000 fr. Elle reçoit le 5 octobre un effet de 2000 francs, qui lui est endossé par son correspondant, et qui porte, antérieurement à la signature du correspondant, celle d'un tiers. Le récepteur crédite le remettant de 2000 francs, ce qui rend le compte du remettant créditeur de 1000 fr. Puis arrivent les faillites du remettant et du tiers souscripteur. Chacune de ces faillites donne 25 0/0. Le récepteur agit contre le souscripteur originaire, produit à sa faillite pour 2000, et y reçoit 500. Cela fait, il veut contrepasser pour les 1500 qu'il n'a pas reçus, ce qui reconstituerait son compte créditeur de 500, et obtenir 125 sur ces 500. Il obtiendrait ainsi en tout 625 fr. Nous croyons avoir démontré que cette façon d'agir est inadmissible : pour que l'on pût contrepasser 1500, il faudrait que l'envoyeur eût recours pour ces 1500 contre le souscripteur qui le précède; or le récepteur lui a fait perdre ce recours.—Si le récepteur ne contrepasse pas du tout, voici ce qui arrive : il reçoit 500 dans une faillite, et 500 dans l'autre, grâce à l'article 542 : total 1000. Mais comme le crédit qu'il a donné est maintenu, son compte-courant le laisse débiteur de 1000, qu'il paie à la faillite de l'envoyeur, et il reste les mains vides, ayant perdu le crédit de 1000 que son compte lui donnait le 1er octobre. — En troisième lieu, supposons qu'il dise à l'envoyeur, après avoir obtenu 500 de la faillite du tiers : je veux contrepasser ; mais pour en avoir le droit je vais vous restituer ce que j'ai reçu du tiers, ce que vous aurait donné à vous-même votre recours contre lui : je vais con- trepasser pour 2000, et voici les 500 fr. de dividende que j'ai touchés. Le résultat sera alors le suivant : la contre- passation rétablit le récepteur créancier de 1000 fr. sur lesquels il reçoit 250 fr. D'autre part il a reçu 500 fr. du tiers, et il les rend à l'envoyeur. Il perd ainsi 750 fr. sur son crédit de 1000 fr., au lieu de 375 qu'il perd dans la première façon de calculer, et de 1000 qu'il perd en ne contrepassant pas du tout.

En résumé, le récepteur peut choisir entre le rôle de porteur et le bénéfice de la clause sauf encaissement. Il a même, vis-à-vis des tiers, le droit incontestable d'user de la qualité de porteur, tout en invoquant dans ses rela- tions de compte la clause sauf encaissement. Mais, dans ses rapports avec l'envoyeur, il ne peut se prévaloir à la fois des deux qualités ; et, s'il veut contrepasser, il doit remettre toutes choses au même état que si la cession n'avait pas eu lieu : c'est-à-dire laisser à l'envoyeur son recours contre le tiers, ou, s'il l'a exercé lui-même, tenir compte à l'envoyeur du dividende qu'il en a retiré.

Appliquons ces principes à l'hypothèse inverse, celle où

l'envoyeur est souscripteur unique de l'effet, mais où le récepteur a négocié l'effet à un tiers. Nous avons déjà dit que si ce tiers s'adresse d'abord au récepteur, son cédant immédiat, et que celui-ci paie tout, il n'y a pas de difficulté. Le récepteur reprend son alternative, sans rien qui l'arrête, et peut, ou maintenir l'opération, ou contrepasser. Mais que décider si le porteur s'adresse d'abord à l'envoyeur, et en reçoit un dividende, puis se fait payer le reste par le récepteur? Celui-ci pourra-t-il contrepasser, et pour combien ? Il a reçu par exemple 2000 au moment de la négociation qu'il a faite au tiers-porteur : puis il rend à celui-ci 1500, la faillite de l'envoyeur ne donnant que 25 0/0. Pourra-t-il contrepasser pour 1500 ?

Nous répondons, comme tout à l'heure: non ; et pour des raisons analogues. On comprend bien, quand le récepteur a remboursé au tiers tout ce qu'il en avait reçu, que son droit d'option reste entier, parce que vis à vis de l'envoyeur les choses sont encore entières. Si l'on ne contrepasse pas, le récepteur agira comme porteur pour 2000 : si l'on contrepasse, il annulera un crédit de 2000, et tout sera dit. Il n'en est pas de même ici. L'envoyeur a payé l'effet : il l'a payé sous forme de dividende, c'est vrai, mais enfin il l'a payé : et si l'article 542 permet au porteur de demander le reste au récepteur, l'article 543 défend au récepteur de recourir à son tour contre l'envoyeur. Il est donc certain que, si le récepteur ne contrepasse pas, il n'aura aucune action contre l'envoyeur. Cela n'est pas contestable.

Mais, nous dit-on, il veut contrepasser, et on ne peut lui opposer l'article 543. D'accord : l'article 543 ne peut être opposé qu'à un porteur de lettre de change, et c'est précisément la qualité de porteur que le récepteur veut abdiquer en contrepassant. Aussi n'invoquons-nous pas contre lui l'article 543, que l'on a raison d'écarter du débat. — Le grand obstacle à la prétention du récepteur, c'est qu'il ne peut pas, en contrepassant, remettre les choses en l'état où elles étaient avant l'entrée en compte de l'effet dont il a payé une partie. S'il n'avait pas négocié, il aurait le choix, et l'envoyeur aurait devant lui, soit un porteur, soit un contrepassateur (qu'on nous pardonne ce barbarisme) : l'un des deux, mais pas tous les deux. Mais en négociant à son tour, le récepteur s'est substitué un tiers, qui a agi comme porteur, et demandé le tout au souscripteur de la traite. Voilà le choix fait, et il n'y a pas à y revenir. Le tiers-porteur représente le récepteur, en ce sens que c'est le récepteur qui l'a lâché contre son endosseur. L'envoyeur sera en droit de dire au récepteur, quand celui-ci voudra contrepasser : vous avez déjà agi contre moi comme porteur, sinon par vous-même, du moins par l'entremise d'un tiers, à qui vous aviez endossé, qui m'a attaqué la lettre de change à la main, et à qui j'ai payé le montant de l'effet, en monnaie de faillite. Comment voulez-vous encore vous placer dans l'alternative, où vous seriez si vous n'aviez pas négocié l'effet? Si le porteur avait commencé par vous, et que vous eussiez tout payé, vous contrepasseriez, et notre compte se rétablirait comme si je ne vous eûsse jamais transmis l'effet : je vous paierais un dividende sur ce que je vous devais à la veille de cette transmission, soit sur 1000. Et, parce que vous avez trouvé bon de négocier, je vais, après avoir versé 500 au tiers-porteur que vous avez déchaîné contre moi, vous devoir encore un dividende sur 1500 : c'est-à-dire que ma situation sera empirée par votre fait. Cela n'est pas admissible. Vous ne pouvez pas contrepasser. (V. dans le même sens une note du *Journal du Palais*. T. II de 1848. p. 1).

M. Feitu n'est pas de cet avis. La question, dit-il, n'est pas de savoir si l'envoyeur a payé toute sa dette en monnaie de faillite, mais si le récepteur a encaissé : or il n'y a encaissement que lorsque le réceptionnaire de l'effet est libéré vis à vis du tiers-porteur : c'est le paiement intégral par le cédant qui seul peut rendre définitif le crédit donné. Il cite en ce sens un jugement du tribunal de commerce de Bordeaux, confirmé par la Cour le 3 janvier 1860 (Pal. 60. 1134). — Il y a du vrai dans le raisonnement, et il précise très-nettement la situation du récepteur, qui n'a certes pas encaissé puisqu'après avoir reçu du tiers le montant de l'effet, il a été forcé de lui en rembourser la plus grande partie. Mais ce que nous avons dit n'en subsiste pas moins : on ne peut choisir pour partie le rôle de porteur, en invoquant pour une autre partie la clause sauf encaissement. Or le récepteur a pris le rôle de porteur en créant lui-même un porteur qui a exercé les actions nées de la lettre de change, et en a demandé le montant. Par là il a rendu impossible le fonctionnement de la condition résolutoire, et il ne peut plus l'invoquer parce que, par son fait, les choses ne sont plus dans le même état qu'à la veille de la transmission.

Mais tout sera remis dans cet état, et dès lors la contrepassation pourra avoir lieu, si le récepteur indemnise l'envoyeur du dividende que celui-ci a payé au tiers. La situation sera alors bien nette. Le récepteur, qui a reçu le montant de l'effet en le négociant au tiers, le remboursera aussi en entier, puisqu'il aura payé une partie au tiers, et une partie à l'envoyeur. Celui-ci de son côté sera traité comme si la traite n'était pas sortie des mains du récepteur, et rien n'entravera la contrepassation. C'est le pendant exact de la solution donnée sur l'hypothèse précédente.

Reprenant les chiffres déjà employés, voici les résultats auxquels nous arrivons. Le tiers-porteur a reçu chez l'envoyeur un dividende de 500, et les 1500 qui restent, il les a touchés chez le récepteur. Si le récepteur contrepasse pour ces 1500 fr., il redevient créditeur de 500, sur lesquels il touchera 125 fr. D'autre part il a reçu en né-

gociant l'effet 2000 fr. sur lesquels il n'a rendu que
1500 : restent 500. Il reçoit donc en tout 625. Mais nous
avons montré que cette façon d'agir est inadmissible,
parce que les choses ne sont plus entières, même pour
les 1500 qui vont faire l'objet de la contrepassation, et
que l'envoyeur, qui n'aurait payé que 250 fr. si le récepteur n'avait pas négocié, ne doit pas payer 625 fr.
parce que le récepteur a négocié. — Si d'autre part on ne
contrepasse pas du tout, le résultat est désastreux pour le
récepteur. Il reste débiteur de 1000 fr par compte-courant : il a reçu 2000 fr. en négociant, mais il rend 1500 fr.
sur ces 2000 fr., et l'article 543 lui ferme tout recours
contre l'envoyeur. Il perd donc sa créance de 1000 fr.
par compte-courant, et 500 fr. par dessus le marché. —
Enfin, si l'on emploie le mode de procéder que
nous proposons, le seul logique, le récepteur restitue à
l'envoyeur les 500 fr. que celui-ci a payés, moyennant
quoi il peut contrepasser. Les 500 fr. qu'il rend se balancent avec le profit de 500 fr. qu'il a retiré de l'opération : il reçoit donc 250 fr. de dividende sur sa créance
de 1000 fr. par compte-courant. Il perd ainsi 750 fr. au
lieu de perdre 375 fr. comme dans le premier cas et
1500 fr. comme dans le second.

En résumé, le récepteur qui a négocié ne peut être admis à contrepasser que si les choses sont encore entières,
ou si, les choses ayant été dérangées par son fait, il ré-
pare les conséquences de ce fait. Une fois qu'il a ainsi

réparé, les obstacles sont levés, et il recouvre son droit d'option.

La combinaison des deux précédentes hypothèses ne crée aucune difficulté nouvelle, et la solution à donner se dégage de tout ce qui vient d'être dit. L'envoyeur est en faillite, et le précédent souscripteur aussi. Chaque faillite donne 25 0/0. Le tiers-porteur, auquel le récepteur a négocié l'effet de 2000 fr., reçoit donc 500 fr. de l'envoyeur, 500 fr. du souscripteur précédent, et demande au récepteur les 1000 fr. qui restent. Si le récepteur veut simplement contrepasser pour les 1000 fr., l'envoyeur lui répondra : vous ne le pouvez pas parce qu'il vous est impossible de remettre les choses en l'état où elles seraient si je ne vous avais pas transmis l'effet : un tiers qui vous représentait m'a demandé le montant intégral de l'effet, ce qui est un premier préjudice pour moi, et l'a demandé aussi au souscripteur qui me précède, m'enlevant ainsi le recours que j'aurais eu contre ce dernier, deuxième préjudice que j'ai éprouvé par votre cession au tiers. Vous ne pouvez plus maintenant opter pour la clause sauf encaissement, après qu'un tiers a épuisé tous les avantages que pouvait donner la qualité de porteur. Le seul moyen de trancher la difficulté sera, comme dans les autres hypothèses, de faire indemniser l'envoyeur par le récepteur. Seulement, ici l'indemnité sera double : elle aura pour éléments, d'abord ce que l'envoyeur lui-même aura dû payer au tiers-porteur, ensuite le montant du recours que l'envoyeur aurait pu exercer contre le souscripteur qui le précède. — Voici quels seront les résultats. Si l'on contrepasse pour 1000 fr., sans aucune indemnité, comme le voudrait le récepteur, le compte-courant se soldera par 0, et le récepteur aura bénéficié de 1000 fr., puisqu'il aura reçu 2000 fr en négociant et ne rendra que 1000 fr.—Si l'on ne contrepasse pas du tout, le compte soldera par 1000 fr. en faveur de l'envoyeur, et le récepteur aura réalisé le même bénéfice de 1000 fr. sur la négociation de l'effet : il paiera avec ces 1000 fr. le solde du compte, et aura perdu la créance de 1000 fr. qu'il avait par compte-courant le 1er octobre. — Enfin, en appliquant la solution que nous proposons, le récepteur peut contrepasser pour 2000 fr., montant intégral de l'effet, mais à condition de donner au récepteur 500 fr. que celui-ci a dû payer, plus 500 fr. qui ne pourront plus être réclamés au précédent souscripteur par l'envoyeur : ensemble 1000 fr. Ces 1000 fr. que le récepteur aura à restituer se compenseront avec les 1000 fr. dont il a bénéficié sur la négociation. D'autre part il ne recevra qu'un dividende de 250 fr. sur sa créance de 1000 fr. par compte-courant : sa perte sera de 750 fr., comme plus haut.

On comprend d'où vient l'uniformité de ces résultats. Nous arrivons toujours, en dernière analyse, à rétablir les choses comme elles étaient avant la transmission de l'effet en compte-courant, c'est-à-dire à reconstituer le solde créditeur de 1000 fr. La contrepassation a donc lieu pour 2000, dans tous les cas. Mais, pour pouvoir ainsi contrepasser, le récepteur est obligé de restituer à l'envoyeur tout ce qu'il a pu toucher comme porteur, dans ses rapports avec les tiers. Quand il n'a, ni négocié l'effet, ni poursuivi un autre souscripteur, il n'a rien reçu et n'a rien à rendre. Quand il a poursuivi un souscripteur précédent, il a reçu 500 fr. et rend 500 francs. Quand il a négocié à un tiers qui lui réclame tout, il n'a rien à restituer. Quand le tiers-porteur s'adresse d'abord à l'envoyeur, le récepteur doit indemniser l'envoyeur. Enfin quand le tiers-porteur s'adresse au précédent souscripteur et à l'envoyeur, tous deux en faillite, le récepteur, qui a reçu 2000 fr. et rendu seulement 1000 fr., doit une indemnité de 1000 fr.. C'est ainsi que l'équilibre se rétablit toujours, et que le récepteur, ne gardant rien de ce que sa qualité de porteur a pu lui rapporter, peut contrepasser pour le tout.

IV. — Quels changements la faillite du récepteur viendra-t-elle apporter à cette situation? Nous allons l'examiner en reprenant successivement les quatre hypothèses exposées plus haut.

Quand l'envoyeur est l'unique souscripteur de l'effet, et que le récepteur l'a gardé entre les mains, la faillite du récepteur et celle de l'envoyeur sont seules en présence. Supposons qu'elles donnent un dividende égal, 25 0/0 par exemple. En ne contrepassant pas, la faillite du récepteur devra 1000 fr. par compte-courant, et produira pour 2000 fr., elle paiera donc 250 fr. et recevra 500 fr. En contrepassant, elle restera créancière de 1000 fr. par compte-courant, et recevra 250 fr. Ceci n'offre pas de difficulté. Mais que l'on suppose les deux faillites donnant des dividendes inégaux: celle du récepteur donne par exemple 10 0/0 et celle de l'envoyeur 90 0/0. On comprend que le récepteur se gardera bien de contrepasser : il aimera mieux payer 100 fr. de dividende et produire pour 2000 fr., ce qui lui donnera 1800 fr., que de produire pour 1000 fr. seulement, en ne payant rien de son côté. A l'inverse, si c'est lui qui donne 90 fr., et l'envoyeur 10 fr., il se hâtera de faire la contrepassation, pour n'avoir rien à payer lui-même et recevoir 100 fr., plutôt que d'avoir 900 fr. à payer lui-même pour recevoir 200 fr.

Ce résultat est singulier, et peut choquer. Il y aurait un moyen de le corriger, ce serait de permettre à l'envoyeur d'exiger lui-même la contrepassation : il ne manquerait pas de le faire toutes les fois que le dividende de sa faillite serait plus fort que celui que donne le récepteur. Cette question sera examinée plus loin, et nous dirons pourquoi nous attribuons au récepteur seul le droit d'invoquer la clause sauf encaissement. — Mais est-il possible, sans s'occuper de cette question plus générale, de tempérer par une règle quelconque l'inégalité qui vient d'être signalée, et qui confère tant d'avantage au récepteur ? Nous avouons n'apercevoir aucun remède. Il n'y a pas de raison pour interdire au récepteur de contrepasser : il répondrait victorieusement à toute tentative de ce genre que le crédit en compte-courant n'est donné que sauf encaissement, et que sa faillite à lui récepteur n'a pu apporter aucune modification à ces règles générales. — Si on lui objecte que la clause sauf encaissement a seulement pour effet de faire éviter une perte, mais jamais de procurer un gain, il répondra qu'il ne se propose pas de gagner ; que tous ceux qui ont traité avec un commerçant sont exposés à perdre si le commerçant tombe en faillite : qu'il n'en est pas autrement d'un vendeur dont le privilége disparaît par la faillite de son acheteur. Il est certain que l'envoyeur perdrait encore plus si lui-même n'était pas en faillite, et que cependant il ne pourrait pas dans ce cas se soustraire au paiement de l'effet : comment le pourrait-il d'avantage à cause de sa propre faillite ? — Peut-il dire que le billet de 2000 fr. qu'il a fourni en compte-courant est sans cause pour 1000 fr. et ne vaut que pour les 1000 fr. qui étaient dûs en compte-courant au moment de la remise ? Ce serait détruire toute la théorie du compte-courant. Si les remises ne valent que pour autant qu'elles couvrent une dette antérieure, et sont nulles pour le reste comme n'ayant pas de cause, il ne faut plus parler de balance ni de solde, et chaque remise doit être considérée comme un paiement. Ce serait fausser toutes les relations commerciales. La cause d'une tradition faite en compte-courant, c'est le crédit qui sera donné en échange. L'envoyeur a reçu un crédit de 2000 pour son billet de 2000. Il se trouve que ce crédit ne vaut rien : c'est fâcheux pour le remettant, qui a fait une opération désavantageuse ; mais il n'y a pas à revenir là-dessus.

Il est bien entendu d'ailleurs que les principes ordinaires de la faillite conservent ici tout leur empire. La remise faite moyennant un crédit de 2000 fr. n'est pas nulle de plein droit, parcequ'elle n'est ni une cession à titre gratuit, ni un paiement irrégulier ou anticipé. Mais les créanciers de l'envoyeur pourront la faire annuler s'ils découvrent qu'il y a eu de la part du récepteur connaissance de la cessation de paiements déjà survenue chez l'envoyeur. Dans ce cas on pourra se soustraire au paiement de la traite. Mais hors de là, le récepteur conserve son alternative, et rien ne peut entraver l'exercice de son droit, malgré les effets exorbitants que peut produire sa faculté d'option.

L'envoyeur n'est pas le souscripteur unique de l'effet : il y a un autre endosseur, qui est en faillite aussi. Le récepteur, failli de son côté, a encore l'effet entre les mains. La solution de cette hypothèse ne change évidemment pas parce que le récepteur est en faillite. L'envoyeur a toujours le droit de lui tenir le même langage : si vous voulez contrepasser, rendez-moi ce que vous a procuré le rôle de porteur que vous avez joué vis-à-vis du tiers, et rendez-le-moi, non pas sous forme de créance, mais comme une somme qu'on a touchée sans droit, et que l'on restitue : distinction qui n'avait pas d'importance tout à l'heure, mais qui en prend beaucoup dès que le récepteur est en faillite. Le récepteur verra s'il a intérêt à persister dans son rôle de porteur, ce qui lui permettrait de se présenter pour 2000 à la faillite de l'envoyeur en gardant le dividende payé par le tiers, mais à charge de payer lui-même un dividende sur 1000 fr., ou s'il ne doit pas plutôt contrepasser, reprenant ainsi un crédit de 1000 fr., restituant ce qu'a payé le tiers, et ne devant rien.

Le récepteur, avant de tomber en faillite, a négocié l'effet à un tiers, qui a devant lui, au jour de l'échéance, la double faillite du récepteur et du remettant. Il n'est douteux pour personne que ce tiers puisse, au moyen de l'article 542, produire dans les deux faillites pour le montant intégral de l'effet, et recevoir ainsi deux dividendes. Mais c'est le règlement entre les deux faillites qui soulève de graves difficultés. Si le récepteur renonce à invoquer la clause sauf encaissement et se présente comme porteur de l'effet, on aura simplement à appliquer les règles de la matière des faillites : pas de recours entre les codébiteurs qui ont payé : s'il y a un dividende disponible, il restera chez le dernier endosseur.

Mais le récepteur abdique la qualité de porteur, qui lui enlèverait tout recours, et veut contrepasser. Comment raisonnerons-nous ? Absolument comme tout à l'heure. Laissant de côté l'article 543, qui n'a rien à faire ici du moment que le récepteur n'agit pas comme porteur de l'effet, l'envoyeur dira au récepteur : vous ne pouvez pas contrepasser, parce que vous ne pouvez pas remettre les choses en l'état où elles seraient si je ne vous avais pas transmis l'effet. Un tiers-porteur, agissant en votre lieu et place, m'a réclamé le montant intégral de la traite, et j'ai dû lui payer un dividende sur ce montant. Si vous voulez contrepasser, il faut d'abord me restituer ce que j'ai eu à payer au tiers par votre fait. — Le récepteur failli répliquera peut-être : moi aussi, j'ai eu à payer au tiers un dividende sur le montant intégral de l'effet. Mais cette objection sera sans portée. Il ne s'agit pas de savoir si le récepteur a profité ou non de l'opération : ce n'est pas le véritable point de vue. Il s'agit de savoir si les deux branches de l'alternative peuvent être à la fois employées contre l'envoyeur : ce qui arriverait si le récepteur, après avoir réclamé à l'envoyeur le montant intégral, sous le masque du tiers-porteur, voulait encore contrepasser. Or cela n'est pas admissible. Le récepteur doit choisir et ne peut cumuler. S'il opte pour la contrepassation, il doit rendre au remettant ce qu'il a fait perdre à celui-ci en prenant momentanément la qualité de porteur.

On comprend que dès lors il n'y ait pas à s'occuper des excédants disponibles, ni de l'ordre suivi par le tiers dans ses poursuites. Pour qu'il puisse être question d'une contrepassation, il faut que l'envoyeur soit indemnisé de ce qu'il a dû payer au tiers. A-t-il donné un dividende de 10, le récepteur lui rendra 10 ; — a-t-il donné 20, on lui rendra 20. — Le récepteur attaqué le premier, a-t-il donné 80 0/0, en sorte que l'envoyeur, quoique payant 50 0/0, n'ait plus à donner au tiers que 20 ? on ne lui restituera que 20. Au contraire l'envoyeur, attaqué le premier, a-t-il donné 50 0/0, en sorte que le récepteur, quoique payant 80 0/0, n'ait plus à donner au tiers que 50 0/0, le récepteur devra payer à l'envoyeur, non pas l'excédant de 30, mais les 50 que l'envoyeur a versés au tiers. — L'article 543 et ses règles sur la disposition de l'excédant sont ici tout-à-fait hors de cause. Il y aurait à s'en occuper si le récepteur, au lieu d'opter pour l'application de la clause, se prononçait pour l'autre branche de l'alternative, et préférait se conduire comme porteur. Il prendra ce dernier parti quand la faillite de l'envoyeur donnera un gros dividende, non pas parce qu'il aura une action à exercer pour le montant de l'effet, mais parce qu'il aurait à restituer à l'envoyeur, s'il préférait contrepasser, ce que l'envoyeur a payé au tiers, et que cette restitution deviendrait fort onéreuse dans le cas où le dividende payé au tiers aurait été important. — Dans cette hypothèse, où le récepteur ne voudra pas contrepasser, tout se règlera comme à l'ordinaire: on ne touchera pas au compte-courant, il n'y aura pas de recours entre les diverses faillites à raison des dividendes payés, et les excédants, s'il y en a, appartiendront au dernier endosseur.

On résout par là, en tenant soigneusement distincts les deux partis que peut prendre le récepteur, les difficultés qui ont embarassé la jurisprudence et divisé les auteurs. Toutes les fois que l'on a essayé de combiner les articles 542 et 543 avec l'application de la clause sauf encaissement, on s'est heurté à des impossibilités.— On a proposé par exemple de permettre au récepteur de contrepasser jusqu'à concurrence de dividende qu'il a payé. A quoi l'envoyeur peut répondre qu'il est singulier de faire dépendre la valeur de l'effet par lui remis du plus ou moins de dividende que paie la faillite du récepteur: et que soit l'un, soit l'autre, se trouvera payer deux fois la même dette suivant que le compte ainsi rectifié soldera contre l'un ou contre l'autre. On a proposé aussi de repousser tout règlement, chacune des faillites ayant payé un dividende sur l'entier montant de l'effet. Mais de quel droit empêcher toute contrepassation, quand on la permet plus haut? Pourquoi le récepteur ne dirait-il pas: on m'a envoyé une mauvaise valeur, en échange de laquelle j'ai donné un crédit provisoire : je demande la résolution de l'opération. Ce n'est pas sa faillite qui a pu lui enlever ce droit. L'article 543 ne peut non plus l'entraver, parce que cet

article ne concerne que le recours d'un co-obligé qui
a payé une lettre de charge, et que les relations du
compte-courant sont soumises à des règles différentes
(V. Cass. 10 août 1852. Pal. 54, 1. 349). Le Tribunal de
commerce de Marseille (5 novembre 1858 *Jour. du trib.
de Marseille*, t. XXXVII, I, p. 115) et celui de Bordeaux
(jugement confirmé par la Cour le 3 janvier 1860. Pal.
60.1134) ont compris ces principes, mais sans leur donner
une application bien nette.

Ainsi donc, contrepassation possible, mais alors contrepassation pour le montant intégral de l'effet, accompagnée
de la restitution effective du dividende payé par l'envoyeur
au tiers-porteur, telle est l'une des branches de l'alternative. L'autre se présente ainsi : pas de contrepassation
application pure et simple des articles 542 et 543 du Code
de commerce.

La quatrième hypothèse se résoudra entièrement par
les mêmes principes. Nous avons trois faillites au lieu de
deux : celle d'un souscripteur originaire, de qui l'envoyeur
tenait l'effet, celle de l'envoyeur, celle du récepteur. Le
tiers-porteur s'adresse aux trois masses, et reçoit dans
chacune un dividende. Les règles déjà exposées nous per-
mettent d'arriver immédiatement à la solution. Le récepteur a le choix. S'il ne veut pas contrepasser, les articles
542 et 543 seront applicables : pas de recours du récepteur
contre l'envoyeur : ni de l'envoyeur contre le souscripteur
précédent : l'excédant, s'il y en a un, appartiendra au

récepteur, comme dernier signataire, quel que soit l'ordre suivi par le tiers dans ses poursuites. — Si le récepteur veut contrepasser, il annulera pour le tout le crédit donné, mais à condition de restituer à l'envoyeur: 1º le dividende que l'envoyeur a payé; 2º l'équivalent du dividende payé par le souscripteur antérieur, auquel l'envoyeur ne peut plus s'attaquer, par le fait du récepteur. Les articles 542 et 543 ne pourront mettre obstacle à cette opération, parce que le récepteur abdiquera la qualité du porteur. Il est inutile de répéter à cet égard ce qui a été dit plus haut.

Seulement, il se présente une difficulté. Supposons que le récepteur a opté pour la contre-passation. Il va verser à l'envoyeur la double indemnité dont nous avons parlé. Il y a un dividende disponible, un excédant. Le récepteur donne par exemple 60 0/0, l'envoyeur 30 0/0, et le souscripteur originaire 20 0/0. Le billet étant de 2,000, le premier donne 1,200, le second 600, le troisième 400 de dividende, ce qui fait un excédant de 200 fr. Si cet excédant se trouve chez le récepteur, pas de difficulté, le récepteur le gardera en restituant 1,000 : on comprend que la solution soit simple, puisque le récepteur aurait moins à restituer s'il ne gardait pas l'excédant, ce qui reviendrait au même. Pas de difficulté non plus si les 200 de surplus sont chez l'envoyeur, qui ne paiera alors que 400 au tiers, mais ne recevra que 800 du récepteur pour sa double indemnité. — Que décider si, récepteur et envoyeur ayant d'abord été poursuivis, l'excédant de 200 se trouve chez le premier signataire ? Comme le récepteur veut contrepasser, et dépouiller la qualité de porteur, il ne peut s'attribuer cet excédant, qui revient dès lors à l'envoyeur, d'après l'art. 543. Mais on comprend aussi que le récepteur n'ait à indemniser l'envoyeur que pour 800, puisque celui-ci a payé 600 et ne perd que pour 200 son recours contre le souscripteur qui le précède. En sorte que dans les trois cas que nous venons de parcourir, la solution est la même. Le récepteur doit une indemnité plus forte quand l'excédant est chez lui, moins forte quand l'excédant profite à l'envoyeur. Ainsi l'ordre suivi par le tiers dans les poursuites ne change rien au résultat.

La considération de cet excédant déterminera souvent le récepteur à ne pas contrepasser, parce qu'alors, en vertu de l'art. 543, cet excédant lui appartiendra. En revanche, il n'aura pas de recours contre le récepteur. Ce sera, on le comprend sans peine, la comparaison des dividendes que donnent les autres faillites avec celui que donne la sienne propre qui éclairera le récepteur sur le parti qu'il doit prendre.

Ici s'arrête ce que nous avions à dire sur le mécanisme de la clause sauf encaissement, et sur les effets qu'elle peut avoir quand elle est invoquée par le récepteur. Ce qui se dégage surtout de ces hypothèses compliquées, et ce que nous avons principalement cherché à mettre en lumière, c'est que le récepteur a une libre option, mais ne peut en aucune manière cumuler, dans ses rapports avec l'envoyeur, les avantages des deux systèmes : qu'il doit, avant de contrepasser, réparer tout le tort qu'il a pu faire à l'envoyeur en prenant la qualité de porteur de l'effet; que si au contraire il ne veut pas contrepasser, il doit être traité comme un porteur ordinaire, tout comme s'il n'y avait pas de compte-courant.

V.—La clause sauf encaissement est une véritable condition résolutoire. Le récepteur d'un effet, ayant donné un crédit en échange, raie le crédit parce que l'effet ne valait rien et renonce à se prévaloir de sa qualité de porteur de l'effet. Ceci même indique qu'il est impossible de permettre à l'envoyeur d'invoquer de son côté la clause sauf encaissement, quand le récepteur ne veut pas y recourir. On ne comprendrait pas que le remettant vint dire : je vous ai fourni une mauvaise valeur pour laquelle vous m'avez crédité ; rendez-la-moi et rayez mon crédit ; — pas plus qu'on ne comprendrait un vendeur payé qui viendrait dire à son acheteur : je vous ai vendu de la mauvaise marchandise, et je demande contre vous, pour cette raison, la résolution du marché. Une pareille prétention, en supposant qu'elle trouvât en fait l'occasion de se produire, serait inadmissible en droit. On aurait beau dire que la condition résolutoire opère *ipso jure.* La condition résolutoire n'opère en général que si elle est invoquée; et elle ne peut l'être que par la partie vis-à-vis de laquelle les engagements pris n'ont pas été tenus. Ici, on n'a pas manqué de parole au remettant ; il a remis des valeurs, on l'en a crédité, il n'a pas à se plaindre, et n'a rien à réclamer si le récepteur veut lui maintenir son crédit.

Nous avons déjà signalé chemin faisant un cas où l'envoyeur aurait intérêt à invoquer la clause. C'est celui où sa faillite donne un gros dividende, et où la faillite du récepteur en donne un petit. Le récepteur aimera mieux se présenter l'effet à la main, et produire pour tout le montant de cet effet, sauf à être débiteur de la faillite de l'envoyeur, soit pour une partie, soit pour l'intégralité de ce montant. Le remettant préférera au contraire retirer l'effet pour ne devoir que ce dont il pouvait être débiteur par compte avant la remise. Mais on ne peut l'autoriser à exercer cette sorte de retrait. Une première raison, et qui serait péremptoire à elle seule, c'est que la clause sauf encaissement invoquée par l'envoyeur contre la faillite du récepteur ressemble singulièrement à une revendication de l'effet, et que l'article 574 défend toute revendication de ce genre. L'article 574 ne signifie plus rien si le remettant peut dire : voilà un effet que je ne paierai pas, je ne veux pas le revendiquer, mais j'invoque la clause sauf encaissement. Vis-à-vis des tiers, le résultat pourra être différent: mais vis-à-vis de la masse du récepteur, il sera le même, et c'est précisément la masse que l'article 574 a eu pour objet de protéger.

D'autres hypothèses peuvent se présenter, où la situation de l'envoyeur est analogue. Ainsi supposons le récepteur en faillite, quel que soit le dividende qu'il donne, et l'envoyeur constitué créditeur par suite de la remise, pour une somme égale au montant de l'effet. Si l'opération est maintenue, qu'arrive-t-il ? l'envoyeur a un crédit, qui ne lui donnera qu'un dividende, et paiera tout le montant de l'effet s'il n'est pas lui-même en faillite. Le récepteur ne contrepassera pas alors, et l'envoyeur aura un intérêt contraire. Au fond, c'est la même hypothèse que la précédente ; il n'y a qu'à supposer, pour passer de l'une à l'autre, un dividende de plus en plus gros chez l'envoyeur, jusqu'à ce que l'on arrive à un dividende de 100 p. 0/0. A mesure que l'on approche ainsi du paiement intégral, l'avantage que le récepteur failli trouve à ne pas contrepasser s'accroît, et celui que l'envoyeur trouve à contrepasser s'accroît aussi. La Cour de Paris a pensé que le droit d'invoquer la clause doit être réciproque, et que l'envoyeur peut vis-à-vis de la faillite du récepteur exiger la contrepassation. Voici les termes de cette importante décision : « Considérant qu'il est d'usage constant que les valeurs non-négociées par voie d'escompte, mais remises en compte-courant, ne fournissent d'article au crédit du remettant que sous la condition du paiement à l'échéance : que si le paiement n'a pas lieu, le montant de ces valeurs est reporté au débit du compte-courant pour anéantir, par l'opération qualifiée contrepassement dans le langage de la banque, les articles qui n'avaient été portés au crédit que provisoirement : considérant que cette situation provisoire en faveur du banquier qui reçoit les valeurs restées impayées doit être réciproque, et que les principes du compte-courant, sur lesquels elle est fondée, la rendent commune au remettant, si la balance du compte-courant le constitue créancier au jour où le compte est arrêté ; — considérant que c'est d'après les principes, et par le seul effet des règles du compte-courant et les usages du commerce, que la maison Gouin eût incontestablement opéré si elle fût restée *in bonis*, qu'elle eût, en conséquence, contrepassé la valeur impayée de 5,000 fr. qu'elle avait provisoirement portée au crédit des sieurs Guillemant et Lachèze, pour la reporter à leur débit, avant d'établir la balance définitive de leur compte-courant ; — considérant que la mise en liquidation de la maison Gouin ne saurait l'affranchir, pour établir la balance de son compte-courant avec Guillemant et Lachèze, des règles appliquées dans les usages du commerce à cette sorte d'opération, et que, d'après les principes, Gouin et Cie, débiteurs, d'ailleurs, par le compte-courant, et indépendamment du contrepassement, de la valeur de 5000 fr. objet du litige, ne sauraient, en refusant ce contrepassement, obliger Guillemant et Lachèze au remboursement, et augmenter encore d'autant leur créance dans la faillite; considérant que, les parties étant placées sous les règles du compte-courant, les principes de la revendication en matière de faillite ne sauraient être appliqués aux faits de la cause. ». (Paris 23 fév. 1850. Pal. 50. I. 609).

Il suffit de répéter, pour détruire ce raisonnement, les deux considérations indiquées plus haut. La transmission de propriété en compte-courant est complète, absolue, soumise seulement à une condition résolutoire qu'il dépend du récepteur d'invoquer ou de ne pas invoquer. En donnant crédit pour la remise, le récepteur s'est réservé implicitement le droit d'annuler le crédit si l'effet ne valait rien: cela se conçoit et est conforme aux principes : mais il serait étrange que l'envoyeur vînt se prévaloir de la mauvaise valeur qu'il a fournie, alors que le récepteur ne s'en plaint pas. Inutile d'insister làdessus.

Puis, quoi qu'en dise la Cour de Paris, c'est une véritable revendication que l'envoyeur veut exercer. Comme il craint qu'on ne le poursuive au moyen de l'effet qu'il a endossé, il aime mieux reprendre cet effet, et le reprendre comme propriétaire, au moyen de la condition résolutoire qu'il invoque de son côté. Quest-ce autre chose qu'une revendication déguisée sous un autre nom? A ceci l'on objecte que nous sommes placés sous les règles du comptecourant, et que les principes de la revendication sont inapplicables dans l'espèce. Nous avouons ne pas bien comprendre l'objection. Lorsque le nouvel article 574 du Code de commerce a été fait, on l'a rédigé avec l'intention bien expresse de défendre la revendication des effets remis en compte-courant. Toutes les discussions préparatoires en font foi. Le législateur de 1838 voulait donc que la remise d'effets en compte-courant opérât une transmission de propriété irrévocable de la part du remettant. Il se préoccupait apparemment, quand il écrivait cette disposition, de la situation de deux personnes en compte-courant. Dès lors on ne peut pas dire que l'article 574 du Code de commerce n'est pas fait pour cette situation, et que le compte-courant est un domaine à part, où les principes de la revendication sont inapplicables. — Aussi la Cour de Paris n'a-t-elle pas persisté longtemps dans la jurisprudence qu'elle avait adoptée en 1850. Un arrêt de la même cour, rendu le 22 janvier 1851 (Pal. 51. I. 646), établit que le récepteur peut seul invoquer la clause sauf encaissement. (V. dans le même sens. Cass. 14 mais 1862. Pal. 63, p. 185 — Lyon 17 novembre 1863. Pal. 64. 639.)

La même question s'est soulevée dans une autre hypothèse, où l'on n'a pas besoin de supposer la faillite du récepteur, et où par conséquent l'art. 574 est hors de cause. Voici l'espèce: un sieur Deffès remet en compte-courant à un sieur Gauja des traites acceptées par un sieur Bayaud. Celui-ci tombe en faillite: le récepteur Gauja s'adresse à lui, et obtient 50 0/0. Puis l'envoyeur tombe aussi en faillite. Le récepteur se présente, là aussi, pour le montant intégral des traites ; c'est-à-dire qu'il opte pour la qualité de porteur, qu'il profite en conséquence de l'article 542, et qu'il renonce absolument à invoquer la clause sauf encaissement. Les syndics de l'envoyeur s'opposent à cette prétention, et soutiennent que l'opération est résolue de plein droit par le non-paiement des traites, que le récepteur doit contrepasser pour les 50 qu'il n'a pas reçus de l'accepteur, et produire pour 50 au lieu de produire pour 100. Dans le premier cas, le récepteur touche les 50 de l'accepteur, plus un dividende sur 100, grâce à l'article 542. Dans le second il touche les 50 de l'accepteur, plus un dividende sur 50 seulement, parce qu'il doit imputer sur le crédit les 50 qu'il a déjà encaissés. On comprend pourquoi l'envoyeur invoque la clause ; il paiera ainsi un dividende sur 50, au lieu d'un dividende sur 100. La question se posait ainsi devant la Cour de Rennes.

Notons en passant que les syndics de l'envoyeur ne raisonnaient pas bien, et que leur intérêt à invoquer la clause était encore plus grand qu'ils ne le croyaient. Nous avons montré plus haut quelle devrait être la solution d'une pareille hypothèse, au cas où l'on appliquerait la clause. La contrepassation devrait avoir lieu, non pas pour une partie du montant des effets remis, mais pour le montant entier, et le récepteur devrait acheter ce droit de contrepasser pour le tout, en restituant à l'envoyeur ce que les tiers-souscripteurs ont déjà payé. Ceci résulte des principes, et nous n'avons pas à y revenir. Mais cette observation n'empêche pas la question actuelle de se poser. Le récepteur qui ne pourrait contrepasser pour le tout qu'à condition de restituer le dividende qu'il a reçu du tiers, se garde bien de contrepasser quand le dividende est gros, et qu'au contraire le dividende donné par l'envoyeur est mince. L'envoyeur au contraire a grand intérêt alors à ce que la contrepassation se fasse, parce que, si sa dette vis à vis du récepteur s'enfle par l'annulation du crédit, le récepteur doit lui restituer en revanche le dividende reçu du tiers. Ce sont toujours les mêmes principes qui sont en jeu.

Ces principes exigent, ici comme dans les espèces dont l'examen précède, qu'il n'y ait pas de contrepassation, si le récepteur ne veut pas contrepasser. Celui-ci a le choix : il peut, ou résoudre l'opération, ou exercer les actions du porteur d'une lettre de change. S'il prend le dernier parti, il peut invoquer tous les avantages que la loi confère au porteur d'un effet de commerce, et notamment l'article 542. L'envoyeur serait mal venu à s'en plaindre, puisque c'est lui précisément qui a investi, par l'endossement, le récepteur, de cette qualité de porteur dont le récepteur profite. Il prétend que la condition résolutoire de non-encaissement opère de plein droit, indépendamment de la volonté des parties. Ceci n'est qu'une affirmation, et n'est appuyé par rien. C'est dans l'intérêt du récepteur que la clause sauf encaissement a été adoptée par le commerce : celui à qui on envoie des effets en compte-courant n'a, en général, ni le temps ni les moyens de contrôler si ces effets sont de bonnes valeurs : il les reçoit, et en crédite provisoirement le remettant, sauf à rayer le crédit si les effets ne sont pas payés. Mais la situation de l'envoyeur est toute différente. Il a dû connaître les effets qu'il envoyait et ne les accepter que s'il les jugeait bons, à moins pourtant de les avoir reçus lui-même en compte-courant, cas dans lequel il pourra de son côté invoquer la clause contre son remettant à lui, quand même elle n'aurait pas été invoquée contre lui. De toutes les manières, on ne voit pas pourquoi on empêcherait le récepteur de tirer des effets le meilleur parti possible. Le récepteur se contente de l'encaissement tel que les effets le lui ont procuré. Il est le seul juge de ce point, et, s'il veut garder les traites, personne ne peut le lui interdire. Une plus longue discussion sur ce point serait inutile, et ne ferait qu'amener des redites. La Cour de Rennes a d'ailleurs donné raison au récepteur, et interdit à l'envoyeur d'invoquer la clause de son côté. (30 avril 1860.) Le pourvoi formé contre son arrêt a été rejeté par la Cour de cassation (5 février 1861. Pal. 61, p. 899).

CHAPITRE TROISIÈME

DES INTÉRÊTS ET DU DROIT DE COMMISSION

§ I. Intérêts.

Les intérêts courent de plein droit en compte-courant. Cette règle est aussi universellement appliquée, et aussi peu contestée en principe, que si elle était inscrite dans un article du Code de commerce. Il serait assez superflu de justifier par une longue discussion une pratique généralement suivie, et dont personne ne songe à contester la légitimité. Tout au plus pourrait-on se demander pourquoi les intérêts courent de plein droit: si c'est en vertu des règles du mandat, ou conformément aux principes du dépôt irrégulier, ou simplement parce qu'il y a prêt avec convention d'intérêts sous-entendue. S'il fallait absolument faire un choix, et justifier par une analogie quelconque ce qui n'a besoin d'aucune justification, nous dirions que les avances faites en compte-courant ressemblent surtout à des prêts. M. Feitu s'élève avec une grande énergie contre cette assimilation (Revue Pratique. T. XXII, p. 549.) MM. Delamarre et Le Poitvin avaient déjà consacré quelques pages de leur traité du contrat de commission à démontrer que les banquiers ne sont pas des prêteurs d'argent, et se tiendraient pour offensés si on leur appliquait ce nom. On comprend bien ces susceptibilités dans les relations sociales, mais le droit n'en doit pas tenir grand compte. Au fond, quand un banquier ouvre un crédit à un commerçant, sans en recevoir d'autre couverture que du papier souscrit par ce commerçant seul, que fait-il autre chose que prêter, ou promettre de prêter ? Quand il y a un compte de remises réciproques, et que l'une des parties, étant déjà créditrice, paie un effet tiré sur elle par l'autre partie, qu'on nous dise par quels signes caractéristiques on distingue une pareille avance de ce qu'on appelle un prêt dans le droit commun.

Il est inutile d'insister sur tout cela. Les remises faites en compte-courant portent intérêt de plein droit, parce que tel est l'usage commercial. La Cour de cassation n'en a pas donné d'autre motif. « Attendu, dit-elle dans un arrêt de 1841, que l'arrêt a reconnu, en fait, que les opérations intervenues entre les parties étaient commerciales; que les versements qu'elles se sont réciproquement faits soit en marchandises, soit en espèces, étaient réglés en compte-courant; d'où suit qu'il a pu, conformément à la loi et aux usages du commerce, accorder les intérêts des avances à celle des parties qui les avait faites. » (Cass. 11 janv. 1841. Pal. 41. 2. 141) V. dans le même sens Lyon, 29 juil 1852. Pal. 53. 2. 595 - Lyon 20 nov. 1857. Pal. 58. 846. — Orléans, 7 décembre 1858. Pal. 59. 1159.)

Il y a quelque importance à distinguer, en ce qui touche les intérêts, les comptes-courants de banque de ceux qui se tiennent entre commerçants ordinaires. Dans ce dernier cas, où il y a entre les parties égalité de position, et en général même nature de services réciproquement rendus, les conditions des avances sont les mêmes des deux côtés. Il n'en est pas généralement de même chez les banquiers. Ceux-ci sont à proprement parler des marchands d'argent et de crédit. Ils cherchent à faire fructifier le plus possible, soit le capital même de leur maison, soit celui que les clients leur ont confié, et les comptes qu'ils ouvrent contiennent en général des conditions par lesquelles le taux de l'intérêt légal est dépassé de leur côté , tandis que les avances éventuelles de l'autre partie sont loin d'être rémunérées de la même façon. Il en est de même du droit de commission qui, comme nous le verrons, n'est souvent qu'une autre forme de l'intérêt. C'est donc au compte-courant de banque que s'applique la plus grande partie de ce que nous aurons à dire à ce sujet : et c'est lui aussi qui a donné lieu à la plupart des procès que cette matière a provoqués.

On se rappelle comment sont tenues les écritures de compte-courant. Les deux colonnes, celle du crédit et celle du débit, sont complétement distinctes jusqu'au jour de l'arrêté. Au lieu d'imputer une remise nouvelle qui survient sur le solde actuellement dû, on en crédite le remettant, et elle commence à porter intérêt de son côté.

Seulement il est rare qu'un effet de commerce, remis en compte-courant, porte intérêt du jour de son entrée dans le compte. Il est évident que le récepteur ne peut en servir l'intérêt que du jour où il l'a réellement encaissé, c'est-à-dire du jour de l'échéance. L'effet est immédiatement inscrit, mais *valeur* à tel ou tel jour : c'est-à-dire qu'il ne commence à porter intérêt qu'à tel ou tel jour, jusqu'au moment de l'arrêté de compte.

Sans entrer dans des détails de comptabilité qui n'ont rien de commun avec la science du droit, nous devons dire comment se fait en général le calcul des intérêts. On se sert des nombres, c'est-à-dire qu'on multiplie le capital par le nombre de jours (c'est ce produit qui s'appelle le nombre), et que l'on porte ce résultat dans une colonne du compte. Il suffit ensuite de diviser le total des nombres par un diviseur fixe pour avoir l'intérêt cherché. Quand le taux est le même pour le crédit et le débit, il suffit de diviser par le diviseur fixe la balance des nombres, c'est-à-dire la différence entre les nombres du crédit et les nombres du débit.

Il y a un certain nombre de valeurs dont l'échéance doit arriver après le jour où le compte sera arrêté, quoique la remise en soit faite auparavant. Voici comment on en tient compte : on leur fait porter intérêt ; mais l'intérêt qu'elles portent depuis le jour de l'arrêté de compte jusqu'au jour de l'échéance est porté au crédit du remettant en encre rouge au lieu de l'être en encre noire. Ces nombres rouges sont destinés à être retranchés du crédit au lieu d'y être ajoutés. Cela se comprend sans peine, puisqu'un effet de 2,000 fr. échéance du 15 septembre, ne vaut pas encore 2,000 fr. au 1er août, et ne peut être porté pour 2,000 fr. dans un compte réglé à cette époque. Il y a donc une balance des nombres rouges et une balance des nombres noirs.

C'est là ce qu'on appelle la méthode directe. Il y en a une autre, qui tend à se vulgariser, et qui s'appelle la méthode indirecte ou rétrograde. Elle consiste à ramener par l'escompte tous les effets qui entrent dans le compte-courant à une échéance commune antérieure à leur entrée. On choisit par exemple le 1er juillet comme échéance commune. Si un effet est remis le 15 juillet, venant à échéance le 25, on en déduit l'intérêt de vingt-cinq jours pour le ramener en valeur au 1er juillet. On évite ainsi l'emploi des nombres rouges, puisque tous les nombres ont la même nature, et qu'ils ressemblent tous aux nombres rouges de la méthode directe. Il n'y aurait lieu, dans ce système, de se servir de nombres rouges, que pour des remises d'échéance antérieure à l'échéance commune, qui auraient été oubliées dans un compte précédent.

Une fois le compte arrêté, le solde constitue une dette ordinaire, qui, nous le croyons, porte aussi intérêt de plein droit, en raison de la convention sous-entendue et des usages du commerce. On cite, il est vrai, un arrêt de

Bruxelles (13 janvier 1813) comme contraire à cette solution. Mais elle a été consacrée par la Cour de cassation (17 mars 1824), et il n'y a aucun motif sérieux pour la repousser.

Mais le compte-courant produit-il des intérêts de plein droit quand il n'a pas lieu entre deux commerçants ? Il serait difficile de soutenir la négative dans le cas où l'une des parties est commerçante et l'autre non-commerçante, par exemple quand il y a compte-courant entre un banquier et un de ses clients. Aussi n'y a-t-il pas de contestation sur ce point. Seulement on se demande alors quel doit être le taux des intérêts qui courent de part et d'autre.

Prenons d'abord les sommes pour lesquelles le commerçant est crédité, et le non-commerçant débité. Si celui-ci emprunte pour se livrer à une ou plusieurs opérations commerciales, il n'y a aucun embarras, et on pourra lui demander l'intérêt à 6 0/0. Mais que décider s'il n'emploie les valeurs dont il est débité qu'à des affaires civiles ? La Cour de cassation pense que néanmoins c'est le taux commercial qui doit être appliqué, à raison de la qualité de l'emprunteur.

Ainsi, elle dit dans un arrêt du 11 mars 1856 (Pal. 57, 156) : « Considérant que l'argent même est l'objet du commerce du banquier : que celui qu'il emploie dans un agissement de sa profession avec une autre partie commerçante ou non, est employé en matière de commerce, ce qui autorise l'intérêt à 6 0/0 des avances de ce banquier. » En y regardant de près, on voit que c'est la seule manière de résoudre ces questions si fréquentes, que la la loi de 1807 a soulevées par le vague de ses expressions. En matière de commerce veut dire : toutes les fois qu'il y a une opération commerciale, ou un commerçant. Il est naturel que l'argent d'un commerçant porte intérêt à 6 0/0, en quelques mains qu'il se trouve. (V. Bourges, 14 février 1854. Pal. 56, 1, 150. — Cass., 11 mars 1856. — Cass. 29 avril 1868. Pal. 68, 737.— Contra, Montpellier, 13 août 1853).

Nous pensons à plus forte raison que les remises faites au commerçant par le non-commerçant doivent porter intérêt à 6 0/0. M. Feitu, qui admet la solution précédente, repousse celle-ci, parce que, dit-il, le commerçant peut bien donner 6 0/0, mais le non-commerçant ne peut pas légalement les recevoir. Raisonner ainsi, c'est dénaturer complétement l'esprit et la portée de la loi de 1807. Le législateur, en édictant des lois usuraires, n'a pas pour objet de persécuter ceux qui prêtent, mais bien de protéger ceux qui empruntent. Du moment que l'une des parties peut donner tel intérêt, il n'y a pas de raison pour que l'autre ne puisse pas le recevoir. Ainsi l'a jugé la Cour de Lyon, le 20 novembre 1857. (Pal. 58, 846), et cette solution doit être incontestablement admise.

Ainsi, du moment que l'une des parties est commerçante, l'intérêt court de plein droit, et il court à 6 0/0, tant pour les remises que fait le non-commerçant que pour celles qu'il reçoit.

Doit-il en être de même quand aucune des parties n'est commerçante et que le compte ne relate pas d'opérations commerciales ? Nous ne le croyons pas. Il s'agit là de relations civiles, et les intérêts ne courent de plein droit en matière civile que dans les cas spécialement déterminés par la loi. Les usages du commerce ont introduit des dérogations à cette règle, notamment dans cette matière du compte-courant. Mais, quoiqu'on ait employé, dans l'hypothèse dont nous parlons, la forme du compte-courant, les usages commerciaux ne sauraient avoir aucune autorité dans une affaire purement civile. On ne peut pas non plus parler de convention tacite. Le cours des intérêts n'est pas tellement de l'essence du compte-courant que l'emploi de ce mode de comptabilité suppose nécessairement un accord sur le cours des intérêts. Une convention spéciale sera donc nécessaire. Nous devons ajouter qu'il ne se présentera pas souvent de difficulté à cet égard, parce qu'il est bien rare en fait que le compte-courant ait lieu entre deux personnes toutes deux non-commerçantes, et pour des opérations non-commerciales.

A partir de quel jour court l'intérêt au profit du remettant ? En général, et sauf conventions contraires, à partir du moment où une valeur effective et réelle est parvenue entre les mains du récepteur. Ainsi lorsqu'une traite payable au 25 mai est envoyée, c'est à partir du 25 mai que l'intérêt courra au profit de celui qui a envoyé la traite. De même si l'une des parties paie un effet tiré sur elle par l'autre partie, elle débite le compte du tireur à dater du jour du paiement. On comprend par là que si le tiré a accepté la traite avant l'échéance, il ne peut pas cependant réclamer l'intérêt du jour de l'acceptation, parce qu'il n'a encore rien décaissé. On pourrait croire au premier abord qu'un arrêt de Colmar (7 mai 1850. Pal. 52, 2, 169) est contraire à cette théorie. Mais il n'en est rien. Cet arrêt a jugé que le tireur doit être débité par l'accepteur, au moment même de l'acceptation, du montant de la traite : mais la question des intérêts n'était pas en jeu.

Quand une traite remise en compte-courant n'est pas payée à l'échéance, et qu'il y a contrepassation, la valeur ainsi reportée au débit de l'envoyeur produit intérêt, non pas à dater du protêt, mais à dater de la contrepassation. Les articles 184 et 185 du Code de commerce sont inapplicables. Ce résultat est tout simple : le récepteur qui renonce précisément à la qualité de porteur, et invoque la condition résolutoire, n'est point soumis aux règles qui ont été édictées pour les porteurs de lettres de change. (Cass. 8 mars 1853. Pal. 53, 1, 668.)

II. — Il est rare qu'il n'intervienne pas entre les parties qui ouvrent un compte-courant, au sujet des intérêts que

portera ce compte, quelque convention spéciale destinée
à établir entre les deux correspondants une inégalité de
rapports. Ces conventions se produisent surtout dans les
comptes de banque, où le banquier est exposé à faire
souvent des avances. Il peut se produire à cet égard une
inépuisable variété de stipulations. Le banquier sert un
intérêt plus ou moins élevé pour les fonds qui lui sont
confiés, suivant que ces fonds peuvent être retirés sur
une simple demande, où à condition de prévenir à l'a-
vance. La Banque de France ne bonifie aucun intérêt
pour les sommes qu'elle reçoit en dépôt. D'autres établissements donnent 1, 2 ou 3 0/0, suivant les cas. Quelquefois
ce sont, non des dépôts, mais de véritables prêts qui sont
faits au banquier, et le taux s'élève alors jusqu'à 5 ou 6.
— D'autre part les avances faites par le banquier peuvent
l'être à des conditions fort variables, suivant qu'elles sont
effectuées pour un temps plus ou moins long, à des
clients plus ou moins sûrs, sur du papier plus ou moins
garanti. Toutes ces conventions peuvent être librement
formées, et nous n'aurions pas à nous en occuper dans
une thèse de jurisprudence si elles ne touchaient pas aux
lois usuraires ; — absolument comme le droit n'aurait
pas à se soucier des opérations de bourse si les règles sur
les jeux et les paris n'existaient pas.

Les tribunaux ont été souvent embarrassés par ces
questions de compte-courant en banque. Ils se trouvaient
placés entre le texte très-net de la loi de 1807, qui fixe

à 6 0/0 le maximum de l'intérêt conventionnel, et les exigences de la pratique, qui ne s'accommode d'aucune limitation, et subit les lois économiques de l'offre et de la demande. Ainsi s'est formée une jurisprudence singulière, hésitante, sujette à des retours subits, tantôt permettant ce qu'il est bien difficile d'empêcher, tantôt ramenée par des scrupules momentanés au respect rigoureux des textes.

Les banquiers ont l'habitude de compter les intérêts sur une année de 360 jours. C'est un usage qui rend les calculs plus faciles, parce que les diviseurs fixes qui servent à diviser les nombres du compte sont alors des nombres ronds, ce qui simplifie les opérations. Mais il est impossible de nier que ce mode d'opérer est usuraire, quand le taux est déjà de 6 0/0. La Cour de Grenoble a cependant jugé que la pratique commerciale légitime cette façon de calculer (Grenoble, 1 avril 1856, Pal. 49, 1, 254). La Cour de Rouen, sans aller aussi loin, a pensé que lorsque le compte à 360 jours a été adopté par une convention spéciale des deux parties, il peut être employé dans les calculs (Rouen, 19 juin 1847, Pal. 48, 2, 10). La Cour de Cassation s'est prononcée plus nettement, et a proscrit avec rigueur le système des 360 jours, en cassant l'arrêt précité de la Cour de Grenoble (Cass. 20 juin 1848, Pal. 48, 2, 10). On peut avoir par là une idée des incertitudes de la jurisprudence.

Voici un autre usage, fort commun en banque, et qui

a fait souvent l'objet de critiques. Un banquier reçoit de son correspondant un effet de commerce en compte-courant ; cet effet est payable dans un mois. On pourrait, et ce serait le procédé le plus logique, porter cet effet pour son montant intégral au crédit du remettant, et ne lui faire porter intérêt qu'à partir du jour de l'échéance, c'est-à-dire dans un mois. Ce n'est pas ce qu'on fait en général. On escompte la traite à son entrée dans le compte, c'est-à-dire que l'on déduit l'intérêt jusqu'au jour de l'échéance, et qu'on ne crédite le remettant que du montant ainsi réduit. On arrive ainsi à considérer l'effet comme s'il venait à échéance le jour même de la remise. La comptabilité devient par là plus simple. Mais, sans même parler de ce que l'escompte en dehors peut avoir d'usuraire, quand il est fait à 6 0/0, l'opération dont nous parlons fait au remettant un tort assez considérable, qu'il est facile d'apercevoir. Sans doute, il ne perd rien jusqu'au jour de l'échéance de l'effet. Si l'on n'avait pas escompté, le remettant aurait été crédité du montant intégral, mais qui n'aurait commencé à produire intérêt que dans un mois. Par suite de l'escompte, il est crédité d'une valeur moindre, mais qui commence immédiatement à produire intérêt. Il y a donc équilibre. Mais que l'on réfléchisse à ce qui se passe après l'échéance, le compte continuant à courir. Si l'on n'avait pas escompté, ce serait le montant entier de l'effet qui aurait produit intérêt à partir du jour du paiement ; mais par suite de l'escompte, c'est un capital

un peu moindre qui a été inscrit au crédit, et les intérêts en seront par conséquent moindres aussi. Cette différence ne serait supprimée que si, au jour de l'échéance
du billet escompté, on capitalisait les intérêts déjà échus,
en les réunissant au capital réduit par l'escompte. C'est
ce qu'on ne fait pas.

Le remettant est encore bien plus mal traité quand on
ne fait courir à son profit l'intérêt des traites qu'il envoie qu'après un certain temps ; quinze jours par exemple après la remise, si l'on escompte : ou quinze jours
après l'échéance, si l'on n'escompte pas. Des conventions
de ce genre sont assez fréquentes. On peut en voir la justification dans un parère délivré par la maison Laffitte et
Cie, cité dans le *Journal du Palais* (T. I de 1843, page 10)
et dont un arrêt de la Cour de Colmar (27 mai 1846, Pal.
48, 1, 231). Il est bien certain pour nous que, même en
entendant de la façon la plus rigoureuse la loi de 1807, il
est impossible de trouver quelque chose à reprendre
dans des opérations de ce genre. Que se passe-t-il entre
les parties ? Elles se font réciproquement des remises,
c'est-à-dire des avances. Il est défendu à chacune d'elles
de prélever pour les sommes qu'elle prête un intérêt de
plus de 6 0/0. Voilà ce qu'interdit la loi de 1807. Est-ce contrevenir à cette défense que de convenir que les avances
de l'une seront moins bien rémunérées que celles de l'autre ?
En aucune façon. Il n'y aurait usure que si l'une des
parties prenait plus de 6 ; mais qu'elle prenne 6 en ne

donnant que deux ou trois : cela ne peut choquer personne.

Prenons pour exemple une hypothèse des plus simples. Deux parties entrent en compte-courant, et conviennent que l'une ne recevra que 4 0/0 de ses versements, tandis que l'autre recevra 6. On peut imaginer, si l'on veut, une différence de taux encore plus grande que celle-là. Il nous est impossible de comprendre comment une pareille convention pourrait être qualifié d'usuraire. M. Feitu l'affirme cependant : « Prenons garde, dit-il ; pourrait-on convenir que les remises de l'un des correspondants porteront intérêt à 6 0/0, les remises de l'autre à 2 ou 3 0/0? Non. Qui ne voit ici l'usure ? Qui ne voit qu'en abaissant le taux de l'intérêt d'un côté, on l'élève indirectement de l'autre, et qu'ainsi la loi de 1807 se trouve violée ? » — Et M. Feitu décide ainsi, à bien plus forte raison, pour le cas où les remises portent intérêt pour l'une des parties et n'en portent pas du tout pour l'autre. — Il décide encore de même quand il a été convenu que les remises de l'une des parties ne porteraient intérêt que quinze jours après l'encaissement, tandis que celles de l'autre porteraient intérêt du jour de l'encaissement. Au fond, c'est toujours la même question.

De quel droit toutes ces conventions seraient-elles proscrites ? En quoi sont-elles contraires à la loi de 1807? Nous avons peine à le comprendre, et nous devons dire que personne n'a songé à l'expliquer. Le banquier prend-il plus de 6 p. 0̦0 à raison de ses avances ? Alors, oui, il y a usure. Mais aucun texte de loi ne lui défend de prendre 6 en ne donnant que 4, 3 ou 2, ou même en ne donnant rien du tout. Dira-t-on que la combinaison est très-désavantageuse pour la partie qui ne recevra de ses avances qu'un intérêt insignifiant ou nul ? C'est possible. Mais qui force cette partie à faire des avances si mal rétribuées ? Qu'elle porte ses valeurs chez d'autres banquiers qui les lui escompteront, ou qu'elle les garde en portefeuille. Supposons qu'elle ne fasse jamais de remises de son côté, et qu'elle reste simplement débitée par compte-courant, elle paiera 6, ce qui n'a rien d'usuraire. Comment ce taux deviendrait-il illégal parce que de son côté, volontairement, elle va faire des avances dont elle sera moins rétribuée ? Aussi, que l'on examine toutes les décisions rendues sur des questions de ce genre, on verra qu'elles contiennent toutes des affirmations au lieu de motifs. La Cour de Bordeaux dit par exemple : « Attendu, à l'égard des intérêts réclamés par la dame Loirat, que ces intérêts doivent être alloués, parce que, si les sommes appartenant au capitaine Loirat et encaissées par les appelants restaient improductives d'intérêts, tandis que celles à eux dues par Loirat continuaient à en produire, non-seulement les règles de l'équité, mais encore tous les principes en matière de compensation seraient violés ; qu'en effet le système plaidé dans l'intérêt de Viard et Chaigneau aboutirait à cette conséquence bien étrange que les paiements faits par Loirat ne lui profiteraient en aucune manière, du moins à l'égard des intérêts qu'on ne porterait pas au crédit de son compte : qu'il est impossible d'admettre de semblables calculs, parce qu'ils lèseraient trop évidemment l'une des parties au profit de l'autre. » (Bordeaux, 10 août 1838, Pal. 38, 2, 474). Tout cela est très-vrai quand il s'agit d'interpréter la convention, quand on se demande si les parties ont voulu en effet que l'intérêt courût d'un côté et ne courût pas de l'autre. Mais que l'on suppose la convention certaine et bien prouvée : on ne pourra s'appuyer, ni sur l'équité, ni sur les principes de la compensation, ni sur les lois usuraires, pour refuser d'appliquer les arrangements pris. Il y a inégalité sans doute: mais l'inégalité n'a jamais pour résultat l'usure. Une perception d'intérêts qui n'est pas exagérée quand elle est prise en elle-même et isolément, ne peut pas devenir coupable parce qu'elle est comparée avec une autre. C'est pour cette raison que les trois sortes de conventions qui viennent d'être signalées n'ont absolument rien d'illicite.

Il en serait de même si les parties stipulaient que le solde ne portera pas d'intérêt s'il est au profit de l'une des parties, tandis qu'il en portera s'il est au profit de l'autre. Cette combinaison, qui n'a rien que de légitime, a trouvé grâce même devant les jurisconsultes qui ont condamné celles qui précèdent. L'inégalité n'intervient ici qu'après l'arrêté du compte, et c'est pour cela, dit

M. Feitu, qu'il n'y a ici rien d'illégal. Il serait difficile d'expliquer cette différence : mais la solution n'en est pas moins certaine, et nous l'adoptons sans hésiter, pour les mêmes raisons que les solutions précédentes.

Mais il y a d'autres pratiques qui sont loin d'être aussi innocentes, et qui méritent des critiques bien plus fondées. La plus criante de toutes est celle qui consiste à retenir les intérêts au moment même du prêt. Le mécanisme est des plus simples. J'ouvre un compte à un particulier, en stipulant que toute remise de ma part sera couverte par des billets de l'emprunteur, pour le même montant. Ceci revient à dire que je lui escompterai son papier. En cet état, mon client a besoin de 2000 fr. Comme il ne peut m'emprunter qu'en me remettant de son papier, il signe un billet de 2000 fr., ou tire une lettre de même valeur sur un tiers, payable en trois mois, et me présente cet effet à l'escompte. Je lui en fournis la valeur, déduction faite de l'intérêt de 2000 à 6 0/0 pendant trois mois, soit de 30 fr. Ce sont donc 1970 fr. que je lui verse. Si alors, tout en comptant à 6 l'intérêt de ce que j'ai payé, je compte à moins de 6 l'intérêt du billet que j'ai reçu, il y a usure, et tout le monde en convient. Il y a même usure pour deux raisons. D'abord l'intérêt a été prélevé en dedans. Si je prête une somme et que j'en retienne l'intérêt d'avance, je me fais payer des intérêts trop élevés, parce que je prélève, pour la jouissance d'un capital réduit, ce qui n'est dû que pour la jouissance d'un capital non réduit. Je devrais donc, dans l'espèce dont il est question, ne me créditer que pour 1970, au lieu de me créditer pour 2000. J'ai beau dire que ce n'est pas un intérêt que je prélève ainsi d'avance, mais un droit d'escompte. Cette raison ne vaut rien ici. Sans doute on peut soutenir en général que l'opération qu'on appelle escompte ne se confond pas avec le prêt, et se rapproche beaucoup plus d'un achat de valeurs. Mais ceci cesse complétement d'être vrai quand il s'agit de papier qui porte la signature unique de l'endosseur auquel l'escompte est accordé. Toute distinction entre l'escompte et le prêt s'évanouit alors. Que je me présente au capitaliste avec un billet que j'écris et qu'il m'escompte, ou que je lui signe une reconnaissance de prêt, où est la différence entre ces deux opérations? Et si dans le second cas on ne peut me retenir quelque chose sur le montant de la somme que je déclare avoir reçue, comment le pourrait-on dans le premier? On objecte que l'escompte est un achat de créance, et qu'il échappe ainsi aux lois usuraires. Oui, peut-être, quand la créance achetée a pour débiteurs d'autres que l'emprunteur. Non, quand l'emprunteur vend simplement une créance sur lui-même. Sans cela il n'y aurait plus de contrat de prêt. Tout emprunteur vend à son prêteur une créance contre lui-même. J'emprunte 100 fr.; par là je donne à un tiers le droit de me réclamer 100 fr. Et si ce tiers juge que le droit que je lui offre ne vaut pas plus de 50 fr. à raison du mauvais état de mes affaires, et qu'il

achète ainsi 50 fr. le droit de m'en demander 100, dira-
t-on que ce n'est pas un prêt usuraire? On ne fait pas
autre chose quand on escompte à un emprunteur du papier qui n'a que lui pour signataire. On lui prend trop,
nous l'avons dit quand on le lui escompte ce papier à 6. A
bien plus forte raison quand on le lui escompte à plus de 6.
V. en ce sens Bédarride, du *Dol et de la Fraude*, n° 1140,
Cass. 27 novembre 1843, Pal. 44, 1. 22). Ainsi donc, à son
origine, l'inscription est mal faite, et il faudrait que le
remettant de l'effet ne fût débité que de ce qu'il a réellement reçu en échange. C'est là un premier préjudice qui
lui est causé. Ce préjudice serait le seul si le compte s'arrêtait au moment de l'échance de l'effet. Mais le compte
continue encore à courir ensuite, et le remettant reste
toujours avec son crédit réduit, tandis que le récepteur
reste avec son crédit égal au montant intégral de l'effet
qu'il a escompté : en sorte que la perception d'intérêts sur
un capital trop fort, qui n'a pas été réellement versé,
continue même après l'échéance de l'effet. C'est une
seconde irrégularité qu'il faut distinguer de la première, parce qu'elle n'aurait pas lieu si l'on réglait le
compte au moment de l'échéance.

Nous avons dit plus haut que nous ne pouvions voir
une convention usuraire dans les inégalités qui sont
souvent établies entre les deux parties en compte. Ainsi
l'on stipule souvent que les remises faites au banquier ne
porteront intérêt que dans quinze jours, tandis que celles

qu'il fera de son côté porteront intérêt immédiatement. Cet arrangement est licite. Mais le banquier va quelquefois plus loin. Il se réserve le droit de faire courir l'intérêt à son profit, non pas du jour où il aura payé les traites fournies sur lui par l'autre partie, mais du jour où il les aura acceptées. La raison donnée pour justifier ce procédé est double. On dit d'abord que l'acceptation mise sur la traite a pour effet d'augmenter beaucoup les facilités de circulation de l'effet, d'en faire une véritable monnaie, dont le tireur doit compte à l'accepteur. A ceci nous répondons que cette considération est étrangère à la question. On ne peut exiger d'intérêts que pour les valeurs qu'on a fournies, et une signature donnée, quels qu'en soient les effets, ne peut être regardée que comme une promesse : ce n'est pas un versement. On objecte ensuite que le banquier a besoin de faire des démarches pour se procurer l'argent, avant de le payer, et de l'avoir en caisse quelque temps avant qu'on le réclame : qu'il est donc juste que les fonds ainsi préparés portent intérêt comme s'ils étaient déjà versés. Nous répondons que ceci encore ne regarde pas le tireur, et que les arrangements intimes que prend le banquier pour payer sont indifférents au client. La combinaison dont il s'agit est donc usuraire, non pas à raison de l'inégalité qu'elle établit entre les parties, mais parce qu'en général on ne peut exiger d'intérêts que pour les sommes qu'on a versées, non pour celles qu'on versera.

Les mêmes motifs servent à démontrer l'illégalité d'un autre usage, qui consiste à créditer le banquier du montant de l'effet tiré sur lui, indépendamment même de toute acceptation, et à faire courir l'intérêt à son profit un certain nombre de jours avant l'échéance. La Cour de Colmar a cependant approuvé cette façon d'agir. (Arrêt du 11 mai 1842. Pal. 43. 1. 10). Mais elle ne s'est sans doute pas rendu un compte exact de ce qui se passe entre les parties. Que l'on suppose un emprunteur qui aura besoin de 1000 fr. pour payer une dette dans un mois. Il va trouver un prêteur qui lui dit: je vous donnerai la somme dans un mois, et vous allez m'en payer l'intérêt à partir d'aujourd'hui. Le banquier, dans notre espèce, ne fait pas autre chose. L'illégalité d'une pareille exigence est manifeste.

C'est surtout à propos de la capitalisation des intérêts que la jurisprudence s'est laissé forcer la main par l'usage commercial. Il est rare qu'un compte-courant soit arrêté une seule fois par an: il y a souvent deux et souvent aussi quatre règlements par année, et à chacun de ces arrêtés trimestriels ou semestriels on réunit au capital les intérêts déjà échus, pour les porter, réunis ensemble, à la première ligne du compte suivant. Il en résulte que les intérêts produisent intérêt à leur tour. — Mais le Code Napoléon défend formellement de capitaliser des intérêts dus pour moins d'une année (art. 1154). D'autre part la loi de 1807 défend de recevoir un intérêt de plus de

6 p. 0/0. L'usage dont nous parlons vient donc se heurter à la fois contre le double obstacle de la loi de 1807 et de l'article 1154 quand le taux est de 6, et en tous cas, même quand le taux est inférieur à 6, contre l'article 1154.

Quelques arrêts, en bien petit nombre, ont franchement appliqué la loi, et défendu toute capitalisation à intervalles plus courts qu'une année. On peut citer en ce sens une décision de la Cour de Rennes, ainsi conçue : « considérant, quant au règlement de compte tous les quatre mois, avec capitalisation des intérêts, qu'une pareille convention avait évidemment pour résultat d'élever l'intérêt à un taux supérieur à celui fixé par la loi du 3 septembre 1807 en matière de commerce, et qu'elle est par conséquent usuraire; qu'inutilement on invoque, pour justifier ce mode de règlement en compte-courant, de prétendus usages de commerce ; que ces usages abusifs, qui ont pour effet inévitable d'entraîner en peu de temps la ruine des commerçants qui ont recours au crédit des banquiers à des conditions onéreuses, ne sauraient prévaloir sur des lois d'ordre public, auxquelles il n'a été fait aucune dérogation par la loi commerciale... » (Rennes, 6 janvier 1844. Pal. 44. 1. 524).

L'usage l'a emporté, et il serait trop long de rappeler tous les monuments de jurisprudence qui ont autorisé la capitalisation des intérêts à moins d'une année. Les tribunaux qui ont ainsi mis de côté l'article 1154 ne se sont pas donné beaucoup de peine pour motiver leurs décisions. La Cour de Colmar nous dit par exemple : « attendu qu'on doit reconnaître que dans les opérations commerciales, comparées à celles purement civiles, il existe assez généralement une dissemblance qui ne permet pas d'appliquer à toutes les mêmes principes ; — que cependant, si les banquiers, dans leur intérêt, ont fait adopter sur beaucoup de places l'usage des comptes trimestriels ; d'un autre côté, dans celui des crédités, il importerait que l'autorité intervînt pour les réduire au moins à six mois, ou que, dans son silence, la justice et l'humanité portassent les banquiers à saisir ce tempérament. » (Colmar, 11 mai 1842. Pal. 43, 1, 8). — La Cour de cassation n'est pas plus explicite : « Attendu que l'article 1154 n'est pas applicable aux comptes-courants ; qu'en cette matière les intérêts échus peuvent être réunis au capital pour produire de nouveaux intérêts ; que, d'après les usages qui font loi dans le commerce, les règlements de compte courant ont lieu de six mois en six mois. (Cass. 12 mars 1851. Pal. 51, 2, 392). C'est toujours la même raison qui se reproduit. Nous la retrouvons dans un nouvel arrêt de cassation du 14 novembre 1864 (Dall. 65, 1, 54), et dans les décisions très-nombreuses qui ont adopté le même système de tolérance. (V. Colmar, 27 mai 1846. Pal. 48, 1, 231. — Cass. 14 août 1845. Dall. 45, 4, 54. — Nîmes, 6 décembre 1860. Pal. 61, 31). Une longue discussion sur ce point serait inutile, et la question est ramenée à des termes très-simples. Les commerçants ont adopté la coutume des règlements à courts intervalles pour deux raisons : d'abord parce qu'elle leur permettait de voir plus clair dans leurs affaires, et de liquider plus facilement leurs relations réciproques : ensuite parce qu'elle leur permettait d'enfler leur capital par l'addition des intérêts échus. Or, en ce dernier point, la coutume viole manifestement une loi existante. En laissant même de côté la question d'intention, et en admettant que la préoccupation de gagner de plus gros intérêts n'ait été pour rien dans l'adoption de la coutume, il n'en est pas moins certain qu'elle est contraire à l'article 1154 et à la loi de 1807. Tout se réduit à savoir si ces textes sont applicables au compte-courant ; et comme rien ne montre qu'ils n'y soient pas applicables, la solution ne peut être douteuse. La capitalisation à moins d'une année est illégale. Tous les usages commerciaux n'y font rien. Supposez que l'usage s'établisse entre commerçants de faire les lettres de change sur papier non-timbré : les tribunaux pourront-ils faire autrement que d'appliquer les déchéances que prononce la loi de 1850 ? Les lois usuraires ne sont pas moins d'ordre public que les lois fiscales, et il faut les appliquer tant qu'elles existent. — On invoque les nécessités du compte-courant. Elles ne sauraient prévaloir contre la loi. Et nous sommes persuadés qu'en fait on exagère beaucoup ces nécessités. Dès qu'il sera bien reconnu et proclamé que l'on ne peut reporter au solde à nouveau que le capital, et non les intérêts du compte précédent, la comptabilité trouvera bien un moyen de faire cette opération, et le banquier, sachant toujours combien il a fait d'avances en capital, y verra tout aussi clair dans ses affaires que par le passé.

Il est curieux de voir par quelles restrictions la jurisprudence cherche à tempérer l'indulgence excessive dont elle fait preuve en ces matières. Elle a subordonné la légitimité des capitalisations trimestrielles ou semestrielles à certaines conditions, dont nous allons examiner les principales. Nous avons à peine besoin de dire que ces conditions ne s'appuient sur aucun texte, puisque la loi, proscrivant radicalement cette pratique, n'a pu songer à lui donner des règles. C'est un système que le pouvoir judiciaire a créé de toutes pièces, suivant que les banquiers, dans chacune des espèces qui se présentaient, paraissaient aux juges dignes ou indignes d'avoir gain de cause. Ces restrictions sont au nombre de quatre.

1o. — Il faut qu'il y ait eu, à l'origine des relations, une convention expresse sur la capitalisation des intérêts. C'est ce qu'exige un arrêt de cassation du 17 décembre 1851 (Pal. 52, 1, 43). La Cour de Besançon a jugé à son tour que la convention d'arrêter le compte tous les trois mois ou tous les six mois n'est pas suffisante à cet égard, si l'on n'a pas stipulé formellement que les intérêts seraient joints au capital à chaque arrêté (Besançon, 24 février 1855. Pal. 55, 1, 448). — M. Pardessus, qui a exagéré encore, dans une consultation demeurée célèbre (V. Dall. Rép. v° Compte-courant, p. 593) la doctrine déjà si large de la jurisprudence, a considéré comme inutile cette convention antérieure, que les tribunaux exigent. Il est certain que si l'on veut être logique, il faut renoncer à cette condition. Ce qui légitime la capitalisation à brefs intervalles, c'est l'usage du commerce. Dès lors pourquoi vouloir que cet usage soit adopté par un accord spécial des parties en compte? Ne peut-on pas soutenir qu'en entrant en compte - courant elles ont adopté implicitement les pratiques ordinaires du compte-courant? La jurisprudence n'a donc pas osé, sur ce point, pousser jusqu'au bout le principe qu'elle a posé.

2°. — Il faut que le compte ait été effectivement arrêté, et la balance envoyée par le créditeur au crédité. On a ainsi, à l'expiration de chaque période, une véritable dette, liquide et exigible, que le débiteur est mis en demeure de payer, en capital et intérêts. S'il ne paie pas, on suppose que le solde dû fait l'objet d'un nouveau prêt. Il y a là, nous devons en convenir, une véritable garantie, qui ne justifie sans doute pas la violation de l'article 1154, mais qui protége le débiteur jusqu'à un certain point. L'une des parties ne peut pas, au bout de quelques années, venir dire à l'autre : notre compte a couru et a été arrêté tous les trois mois, quoique vous n'ayez pas été prévenu : vous me devez donc des intérêts composés capitalisés par trois mois. Une pareille façon de calculer n'est pas admissible. Il doit y avoir eu réclamation du solde, et report consenti par le débiteur. (V. Cass. 17 déc. 1851. Pal. 52, 1, 43. — Besançon, 24 décembre 1855. Pal. 55, 1, 448. — Nîmes, 6 déc. 1860. Pal. 61, 31). M. Pardessus, dans la consultation déjà citée, a contesté la nécessité de ces arrêtés effectifs, et son idée a été reprise et développée par M. Delzons (*Revue Pratique*, T. XVII, p. 289). Mais la jurisprudence a raison, croyons-nous, de tenir assez rigoureusement à l'accomplissement de cette condition, garantie tutélaire pour les emprunteurs. Il importe de remarquer qu'en ceci elle applique, sans le vouloir peut-être, l'article 1154. Cet article dit en effet qu'une convention spéciale est nécessaire pour capitaliser, et que cette convention doit porter sur des intérêts déjà dus. Il ajoute : pour une année au moins : et cette partie de l'article reste toujours inappliquée. Mais en exigeant l'arrêté effectif, la jurisprudence satisfait du moins à la première partie du texte, et atténue un peu par là l'illégalité de ses décisions.

3°. — Certaines Cours impériales ont notablement restreint l'application de la théorie admise par la jurisprudence en décidant que la capitalisation par trimestre ou semestre n'était possible que dans les comptes où se faisaient des remises réciproques. Ainsi, pas de capitalisation quand l'une des parties en comptes est constamment ou presque constamment en avance sur l'autre. (V.

notamment Bourges, 14 février 1854. Pal. 56, 1, 149. — Besançon, 24 décembre 1855. Pal. 55, 1, 448). Cela revient à peu près à dire que la capitalisation n'est pas possible, parce que les procès de ce genre se soulèvent ordinairement entre des banquiers et leurs clients, à propos d'ouvertures de crédit. S'il y a égalité à peu près complète de remises, que le compte se solde tantôt au profit de l'une, tantôt au profit de l'autre des parties, et qu'ainsi l'équilibre se maintienne, il y aura peu de contestations sur le compte des intérêts. Ainsi la jurisprudence des Cours de Besançon et de Bourges, si elle était généralement admise, tendrait à rétablir, dans la plupart des cas, le respect de l'article 1154. Mais il ne semble pas que cette condition de réciprocité soit exigée par la Cour de cassation, et il n'en est pas question dans les dernières décisions de cette Cour. (V. Cass. 17 déc. 1851. — 14 novembre 1864).

4°. — Un compte-courant peut avoir lieu entre non-commerçants et pour opérations non-commerciales. Dans ce cas, il n'y a aucune raison pour déroger aux règles de l'article 1154 : on n'aurait plus même pour cela le prétexte de l'usage. Il faut donc revenir alors, purement et simplement, aux principes du Code, c'est-à-dire qu'on ne peut capitaliser que les intérêts dus pour une année, et que même pour cela il faut une demande en justice ou une convention. La Cour de cassation l'a décidé ainsi dans une espèce où il y avait compte-courant entre un

notaire et un de ses clients. (V. Cass. 18 mars 1850, Pal.
50, 1. 699, V. aussi Nanci. — 18 mai 1843).

On peut voir par tout ce qui précède quelles sont, en
cette matière de l'anatocisme, les tendances des tribunaux. Ils autorisent en principe la capitalisation, mais
en se réservant un pouvoir d'appréciation très-large. Ils
écartent ainsi les principaux dangers de leur système.
Voici par exemple une espèce qui s'est présentée. Deux
parties sont en compte : l'une est condamnée à payer à
l'autre une somme de 4,000 fr. et le jugement fixe à
6 0/0 le taux de l'intérêt pour cette somme. La créance
résultant du jugement est portée dans le compte, qu'on
arrête tous les trois mois. La Cour de Douai décide que
pour cette somme de 4,000 fr. la capitalisation des intérêts n'a pas pu avoir lieu, parce que le jugement en a
fixé l'intérêt à 6 p. 0/0 et que ce taux ne peut être dépassé. Mais elle admet en même temps que la capitalisation a pu avoir lieu pour les autres valeurs portées au
compte (Douai, 3 mai 1844, Pal. 45, 1, 109). Ainsi parce
qu'un jugement a dit qu'une dette portera 6, il ne pourra
y avoir d'anatocisme pour cette dette ; mais la loi de 1807
qui a dit qu'aucune dette ne portera plus de 6, n'empêche
pas la capitalisation d'avoir lieu en général dans les
comptes-courants. Tout cela, on en conviendra, est du
plus pur arbitraire. Lorsqu'un tribunal pense que tel
banquier a exigé un peu trop pour ses avances, il réduit
les profits, et il s'appuie pour cela, non pas sur un texte,

mais sur des considérations d'équité. Ce système est bon ou mauvais en théorie ; peu importe. Il est bien certain qu'il est contraire à nos lois actuelles. Quand le législateur pose un chiffre comme limite de l'intérêt, et règle d'une certaine façon l'anatocisme, le juge doit condamner comme usuraire tout ce qui dépasse ce chiffre ou n'est pas conforme à ces règles. Il n'est pas bon que la légitimité d'une opération varie d'un ressort de Cour impériale à l'autre, et qu'une condition exigée à Bourges ou à Besançon ne le soit pas à Colmar.

Les intérêts une fois réunis au capital, se fondent avec lui pour ne former qu'une masse unique dans le compte-suivant. Ils perdent par conséquent leur qualité d'intérêts. Ceci a de l'importance au point de vue de la prescription quinquennale, sur laquelle nous aurons à revenir plus loin, et aussi au point de vue des garanties qui peuvent être attachées à la créance. L'article 2151 du Code Napoléon porte que le créancier hypothécaire aura droit d'être colloqué pour deux années d'intérêts, et pour l'année courante, au même rang que son capital. Que l'on suppose un compte-courant dont le solde est garanti par une hypothèque jusqu'à concurrence de 10,000 fr.— Inscription est prise pour 10,000 fr.. Tant que le solde n'a pas atteint cette somme, les intérêts capitalisés au fur et à mesure des divers règlements sont garantis par l'hypothèque, non comme intérêts, mais comme capital. Mais d'autre part, une fois la somme de 10,000 fr. atteinte, les intérêts qui seront capitalisés par la suite ne seront plus couverts à aucun titre, ni comme capital, puisque la garantie n'est donnée que pour 10000 fr., ni comme intérêts, puisqu'ils auront perdu cette qualité en venant se joindre au capital pour produire à leur tour de nouveaux intérêts (V. en ce sens Douai 10 février 1853. Pal. 54, 2. 45).

Nous allons retrouver, en parlant du droit de commission, les mêmes incertitudes que dans celle que nous quittons : une très-grande quantité de décisions judiciaires, appuyées sur des considérations de fait ; –un usage plus puissant que les textes, et s'imposant à la jurisprudence.

§ II. *Droit de commission.*

— L'intérêt est le prix du louage d'un capital. La commission est la rémunération d'un service rendu. C'est par cette distinction que se justifie, au profit des banquiers, la perception d'un droit de commission séparé de l'intérêt et s'ajoutant à lui. On ne discute plus guère aujourd'hui la légitimité de cette perception, qui est entrée dans les usages du commerce, et que la jurisprudence n'a jamais songé à proscrire, tout en cherchant toujours à la réglementer. Tous les arrêts qui vont être passés en revue, et qui, sur un point ou sur un autre, limitent les droits de commission, souvent fort exagérés, que l'on réclame à l'occasion des comptes-courants, tous ces arrêts

admettent en principe que le banquier peut se faire ré-
tribuer des peines qu'il se donne, et des frais généraux
qu'il supporte. Il n'est pas dans les mêmes conditions
qu'un capitaliste ordinaire, qui prête son argent sans aucune dépense. Le banquier est un marchand : il a besoin
d'un local, de commis : il fait des démarches pour procurer à ses clients l'argent dont ils ont besoin : on peut
lui en demander à tout moment, pour peu qu'il ait ouvert un crédit, et d'autre part il est soumis à la nécessité
de recevoir des remboursements partiels. Toutes ces circonstances réunies font que l'intérêt légal serait pour lui
une compensation insuffisante, et que le métier de banquier n'attirerait personne s'il fallait se contenter de cet
intérêt. Telles sont les raisons principales qui ont déterminé sur ce point la tolérance des arrêts et des auteurs.
(V. tous les arrêts qui seront cités plus loin *Troplong,
du Prêt n° 382. Bédarride, du Dol et de la Fraude.*
n° 1131. — Contra, *Duvergier, du Prêt, n$_o$ 269*).

Mais le droit de commission peut-il être indistinctement perçu sur toutes les opérations de banque ? Si l'on
voulait être logique, et tirer rigoureusement les conséquences de la distinction tirée plus haut, on dirait : le
droit de commission n'étant pas la même chose que l'intérêt, est absolument indépendant de la loi de 1807, et
n'a d'autre règle que les conventions des parties. Les
tribunaux n'ont donc pas le droit de le réduire. Ils ne
pourraient avoir ce pouvoir qu'en vertu de la loi de 1807 :

mais alors il faudrait dire aussi que la commission est illégale quand, jointe à l'intérêt, elle dépasse 6 0/0. Elle est un intérêt, et alors la loi de 1807 est applicable; ou bien n'en est pas un, et alors personne n'a le droit de la réduire Ce dilemme n'a pas arrêté la jurisprudence, qui s'est attribué un pouvoir de surveillance sur les commissions de banque, et la mission de les réduire quand elles les jugeait exorbitantes. On comprend bien une pareille intervention quand un tribunal déclare simplement que telle ou telle commission ne sert qu'à déguiser un intérêt usuraire. (V. par exemple cass. 25 mai 1864). Les dénominations données par les parties à la perception dont elles conviennent ne peuvent en effet empêcher l'application des lois usuraires. Mais que, l'intérêt légal de 6 0/0 étant déjà stipulé entre les parties, la jurisprudence réduise à 1 0/0 ou à 1/2 0/0 un droit de commission exigé en dehors de cet intérêt. (Cass. 21 juil. 1847 Pal. 47. 2. 608. — Dijon, 2 janvier 1865. — Paris. 20 avril 1849), il nous est impossible d'apercevoir sur quel fondement s'appuie le droit de réduction. La justice, l'équité, les usages commerciaux, n'ont jamais été des raisons suffisantes pour rescinder une convention librement débattue, du moment que cette convention ne tombe pas sous le coup d'une loi prohibitive. Nous lisons dans l'arrêt de Paris du 20 avril 1849: « considérant que s'il est de principe que le droit de commission, indemnité commerciale du travail du banquier, est distinct de l'intérêt légal de l'argent et peut être perçu en sus de ce même intérêt, il n'est pas moins certain que ce droit de commission doit se régler équitablement sur la difficulté de la négociation et sur les usages de la place ; mais que, lorsqu'il excède la juste récompense due aux banquiers, il doit être réduit à une limite raisonnable, afin de ne pas dégénérer en perception usuraire. » Telle est la façon dont la jurisprudence envisage son pouvoir en ces matières. Nous avons dit pourquoi cette prétention nous paraît illogique ou mal fondée. — Ce droit de surveillance et de révision sur les arrangements des particuliers n'a été accordé par la loi aux tribunaux que dans quelques matières spéciales, et nullement dans celle qui nous occupe. La convention des parties en cette matière, quand elle dépasse le taux de l'intérêt légal, est, ou illicite, ou souveraine. Si elle est illicite, il faut la rayer en entier. Si elle est souveraine, on ne peut que l'appliquer, et un tribunal ne peut pas, comme l'a fait récemment la Cour de Limoges, annuler un droit de commission offert au banquier par le client. (Limoges, 25 juillet 1865. Dall. 65,2, 47).

Quoi qu'il en soit de cette question de principes, voyons quelles sont les principales limites apportées par la jurisprudence aux exigences des banquiers. Il faut pour cela passer en revue les principales catégories d'opérations qui peuvent entrer dans un compte-courant.

1. — Un client remet à son banquier des effets de commerce, dont ce banquier fera le recouvrement et portera la valeur en compte. Ceci est l'hypothèse où la légitimité

du droit de commission apparaît le mieux. Le récepteur aura, par lui-même ou par ses commis, une certaine besogne matérielle à accomplir, et c'est la rémunération de ce travail qui est représentée par la commission (V. Bourges, 18 décembre 1839. Pal. 40, 2, 219 — Bordeaux, 11 janvier 1851 — Dijon, 2 janvier 1865. Pal. 65, 84). — Il en est de même quand le banquier reçoit du papier à recouvrer, non pas pendant la durée du compte-courant, mais en paiement du reliquat. Si on l'avait réglé en espèces, il aurait directement encaissé. Au lieu de cela, il faudra qu'il recouvre le montant des effets. Ce n'est pas l'escompte qui pourra l'indemniser de cette peine, parce que l'escompte a une toute autre portée. Le droit de commission pourra donc être prélevé. « Attendu, dit la Cour de cassation, qu'en 1848 la maison Lassimonne, créancière de Canuet pour le solde de la balance de son compte-courant, et ayant le droit d'en être payée immédiatement en espèces, a été chargée par Canuet de lui procurer de l'argent par des négociations de valeurs ; — que c'est à ce genre de services que se rattache la commission de 1/4 0/0, et qu'en fixant cette rémunération à 1 4 0/0 une fois payé, à raison de la somme totale des décaissements..... la Cour impériale a usé du pouvoir discrétionnaire d'appréciation que la loi lui donne, et n'a pas excédé le taux fixé par les usages du commerce ». (Cass. 11 mars 1856, Pal. 57, 158, — v aussi Cass. 12 mars 1851, Pal. 51, 2, 393).

La légitimité du droit de commission est beaucoup plus contestable quand il s'agit de billets souscrits par le client seul, remis par lui au banquier pour la régularité des opérations de crédit, et qui n'ont pas joué dans les opérations des parties le rôle d'un véritable papier de commerce. Aussi les tribunaux repoussent-ils en général la perception d'une commission dans cette hypothèse (v. Bourges, 11 janv. 1851, Pal. 52, 1, 47). On peut citer en ce sens, un arrêt soigneusement motivé de la Cour de Rouen. Voici comment il est conçu sur le point qui nous occupe : « attendu qu'au nombre des droits que s'est attribué Flaux de 1842 à 1845 figure une commission d'un quart à titre de rentrée ou de retrait de billets, qu'il est reconnu que les billets transmis pendant les dites années par Clerfontaine à Flaux n'ont point été pour la plupart livrés à la circulation ; que, les droits attribués aux banquiers ne pouvant être que la rémunération de peines ou de soins réels, ou l'indemnité de debours effectifs, cette allocation resterait sans cause et prendrait le caractère d'un intérêt extra-légal, si elle était maintenue en l'absence du fait matériel qui seul pourrait la justifier ; que cette partie des perceptions de l'intimé doit donc être retranchée » (Rouen, 27 mars 1847, Pal. 48, 2, 559).

2. — Une seconde classe d'opérations, pouvant donner lieu à un droit de commission, ce sont les avances faites par le banquier. Mais ici des distinctions sont nécessaires. Il nous paraît certain d'abord que la simple

acceptation d'une traite, non encore payée, ne donne lieu à aucun droit. Il faut un décaissement réel. Ceci est contesté dans un parère donné par la maison Humann, et cité par le *Journal du Palais* (1843, t. 1, p. 10). Mais il est bien évident qu'une promesse de payer ne peut être considérée comme donnant lieu à des soins, à des peines, et par suite à une rémunération.

En ne prenant même que les décaissements réels, les avances d'espèces ou de bonnes valeurs, doit-on dire que tout versement de ce genre donnera lieu à un droit de commission ?

Un arrêt de Colmar (21 mai 1844, Pal. 44, 2, 471), et un arrêt de Bourges (3 mai 1844, Pal. 45, 2, 169) ont répondu à cette question par une négation absolue. Aucun droit de commission, ont-ils dit, ne peut être exigé pour de simples décaissements de fonds. Pour des opérations de ce genre, l'intérêt légal est une rémunération suffisante, sans qu'il y ait à rechercher comment le prêteur s'est procuré les fonds qu'il avance. Le banquier doit borner son droit de commission aux valeurs qui lui ont été remises pour en faire le recouvrement, il ne peut l'étendre aux sommes qu'il a directement versées. Ce système rigoureux n'a pas fait fortune; il a été repoussé à diverses reprises par la Cour de cassation (8 juillet 1851, 17 mars 1862, 14 novembre 1864). La Cour de Bourges elle-même, entraînée par le mouvement général, est revenue, quoique à regret, sur sa première opinion : « considérant, dit-elle, que, fallût-il admettre, avec la jurisprudence la plus favorable aux banquiers, qu'en sus de l'intérêt à 6 0/0 ils peuvent prétendre un droit de commission quelconque pour les simples versements ou avances de leur caisse, qui ne sont que la consommation du prêt déjà rémunéré par le taux autorisé dans le commerce, du moins convient-il de la restreindre au minimum, alors surtout que le compte-courant, comme dans l'espèce, se poursuit sans réciprocité, ni quant au bénéfice des négociations échangées, ni quant au taux de l'intérêt ». (Bourges, 14 fév. 1854, Pal. 56, 1, 150).

On pourrait distinguer suivant que le décaissement a été fait ou non en vertu d'une ouverture de crédit. Voici comment on raisonnerait : le banquier qui a ouvert un crédit à son client est obligé d'avoir toutes prêtes, à la première réquisition, ou du moins, à un très-court intervalle, les sommes que le client lui demande. De là la nécessité, ou de les garder quelque temps improductives dans sa caisse, ou de faire des démarches pour se les procurer. De là aussi la légitimité d'un droit de commission. Au contraire, quand aucune promesse ne le lie à l'avance, et qu'il n'est pas obligé à prêter, il n'a qu'à refuser le prêt s'il n'a pas en caisse les fonds nécessaires pour l'effectuer, mais il ne peut demander une rémunération spéciale pour des démarches qu'il a volontairement faites. Cette distinction se trouve dans un jugement du tribunal de commerce de Laon (19 août 1847, Dall. 47, 4,

41). Elle a été combattue par M. Bédarride (du Dol, et de la Fraude, nº 1144), et il paraît que cette théorie est restée isolée dans la jurisprudence.

Nous ne trouvons donc ici aucune règle bien précise, à laquelle nous puissions nous arrêter. L'idée générale est que le droit de commission ne doit pas cacher une perception usuraire (Cass. 21 juillet 1847. Pal. 47, 2, 608. — Paris, 20 avril 1849. Pal. 49, 2, 203). Il faut donc qu'il y ait, de la part du banquier, autre chose qu'un simple prêt d'argent, que des peines réelles aient été prises par lui (Bordeaux, 23 novembre 1860). La solution de chaque espèce particulière dépend des circonstances de fait, et de l'appréciation des juges.

Il y a cependant un point sur lequel la jurisprudence peut être considérée comme fixe. Elle ne veut pas qu'un droit de commission soit prélevé à l'occasion d'un prêt civil. Elle autorise bien en ce cas, lorsque le prêteur est commerçant, l'intérêt à 6 p. 0/0: mais elle proscrit rigoureusement toute commission. On pourrait contester la logique de cette décision, puisque le droit de commission est une indemnité de travail, et non un intérêt d'argent prêté, et qu'un banquier peut se donner tout autant de mal pour procurer des fonds à un non-commerçant que pour en procurer à un commerçant. Mais comme ce sont les usages commerciaux qui légitiment surtout le droit de commission, on peut dire que ce droit n'est plus exigible dès que l'on sort des matières commerciales (Agen

12 mai 1853. Pal. 53, 2, 667 — Montpellier, 12 août 1853. Pal. 53, 2, 669). Et il est bien certain que dans des cas pareils, comme dans tous ceux où il est question d'usure et de fraude à la loi, le juge doit examiner la nature même de l'opération, sans s'arrêter à l'apparence que les parties lui ont donnée.

3. — Il est à peine besoin de faire remarquer que le banquier n'a droit à aucune espèce de commission pour les sommes en numéraire qu'il reçoit de son client, soit pendant la durée du compte, soit en paiement du reliquat. Il ne se donne à cet égard aucune peine, aucun soin : ce point d'ailleurs n'a jamais soulevé en pratique de difficulté sérieuse.

4. — Mais la légitimité du droit de commission, dans son application aux renouvellements d'effets et aux reports de solde, peut donner lieu à de graves controverses. Que le droit de commission puisse être prélevé sur une avance effectivement faite par le banquier, rien n'est plus naturel. Supposons que l'emprunteur a souscrit des billets, et ne peut les payer à l'échéance. Il demande une prorogation du terme. Un nouveau droit de commission peut-il être perçu ? Ou bien, ce qui revient au même, l'avance a été simplement faite en compte-courant, sans indication d'un autre terme du paiement que l'époque périodique où le compte s'arrêtera. Cette époque arrive, et le solde devenu exigible est reporté dans un nouveau compte qu'on ouvre. Ce report est il passible d'un droit de commission ?

Les banquiers ont, en pratique, résolu la question par l'affirmative, et voici les raisons qu'on en a données pour cela. D'abord, au point de vue du droit, il y a une nouvelle créance, puisque toute dette qui entre dans le compte-courant y est novée, et que le report ou le renouvellement constitue une nouvelle avance. Et cet argument juridique se fortifie par des considérations de fait. Si le banquier rentrait à l'échéance dans les fonds qu'il a prêtés, il pourrait effectuer un autre prêt, pour lequel il exigerait une autre commission. N'est-il pas juste qu'il soit indemnisé de cette perte? Si d'autre part il veut faire une avance à quelque autre personne, il est obligé de faire des démarches, qui seraient inutiles si ses capitaux lui avaient été remboursés. Voici comment s'exprime M. Courcelle-Sencuil (Des opérations de banque, p. 447):« Le fonds de dépôt du banquier étant essentiellement mobile, le prêt ne peut être continué, le plus souvent, qu'avec les fonds d'un tiers qui est venu se substituer à celui qui avait fourni ceux du prêt primitif. Il y aurait donc lieu, même en se plaçant au point de vue de la jurisprudence, de percevoir un nouveau droit de commission. En réalité, les prêts à long terme sont de toute façon les plus onéreux pour le banquier: ce sont ceux qui lui imposent à la fois le plus de frais et le plus de risques: il serait donc juste qu'ils donnassent lieu, de la part de l'emprunteur, à une rétribution plus élevée que les escomptes proprement dits et que les prêts à courte échéance.» – On peut citer

dans le même sens des parères donnés en 1842 par différentes maisons de banque, à l'occasion d'un procès qui
se plaidait devant la Cour de Colmar (Pal. 43. 1. 10) - Et
ces considérations ont quelquefois triomphé devant les
tribunaux. La Cour de cassation elle-même semble les
avoir admises dans un de ses arrêts, ainsi conçu: « Attendu qu'à la suite d'autres règlements, la dite maison a
consenti à ce que les reliquats des comptes-courants
fussent reportés à nouveau ; que la Cour de Dijon a
reconnu que ces simples reports ne peuvent en général
donner lieu à un droit de commission au profit du correspondant créditeur; mais que, pour allouer dans l'espèce
une commission d'un quart pour cent, elle s'est fondée..,
que dans ces circonstances, l'arrêt attaqué a pu décider,
sans contrevenir à la loi de 1807, qu'il n'y avait pas lieu
de faire subir aux comptes réglés entre les parties les re-
tranchements demandés.» La même théorie a été consacrée, avec moins de timidité, par la Cour de Grenoble (1
avril 1846. Pal. 49. 1. 254), et plus nettement encore par
la Cour d'Aix (15 janvier 1844. Pal. 44 2. 466). Il faut
remarquer cependant que toutes ces diverses décisions
sont motivées en fait, et fondées sur cette raison que, dans
l'espèce, la perception du droit de commission n'a rien
eu d'exagéré. Ainsi, dans l'espèce qui a donné lieu à
l'arrêt de 1844, les reports de solde n'avaient eu lieu que
tous les ans. Jamais il n'a été jugé en principe que
le droit de commission, étant distinct de l'intérêt, échappe

à toute règlementation, et est fixé souverainement par les conventions des parties.

L'opinion générale est contraire à la prétention des banquiers, et il est à peu près universellement reconnu que le droit de commission ne peut être prélevé qu'une fois sur chaque opération. Ce droit est la rémunération des peines et des soins que prend le banquier. Un simple renouvellement n'entraîne aucun travail matériel ; donc il ne saurait donner lieu à un droit de commission. Tel, est, sous une forme de syllogisme, le motif qui a déterminé la jurisprudence. Tous les raisonnements exposés plus haut viennent se heurter contre cet obstacle. On dit que le compte-courant emporte novation : cela est possible : mais si cette novation n'oblige le banquier à aucun soin, à aucune démarche matérielle, il n'y a pas lieu de l'en rémunérer. On dit que le banquier aurait pu, si le paiement avait eu lieu, prêter ses fonds à quelque autre personne, qui aurait payé un droit de commission. Quand même ceci serait vrai, il n'en résulterait aucune conséquence : on pourrait aller très loin si les prêteurs rendaient les emprunteurs responsables de tous les bons emplois que l'argent prêté aurait pu recevoir. Mais l'objection n'est pas même fondée en fait. Nous avons vu plus haut qu'un banquier qui tire simplement une somme de sa caisse, sans se donner aucune peine, n'a pas incontestablement droit à une commission. En sorte que la prolongation du prêt ne lui fait rien perdre. — I est fort douteux que les avances à long terme soient plus onéreuses au banquier que les avances à court terme: ou du moins, s'il en est ainsi, c'est parce que les commissions y sont moins fréquentes : cette objection se confond donc avec celle qui précède. Enfin on prétend que le banquier sera forcé souvent de se procurer de nouveaux fonds pour continuer le prêt, parce que ceux dont il s'est servi pour faire l'avance à l'origine lui seront redemandés. Ceci pourrait avoir quelque importance si les banquiers payaient pour les emprunts qu'ils font ou pour les dépôts qu'on leur confie autant qu'ils se font payer pour leurs propres avances. Mais il n'en est pas ainsi, et tout en affectant d'autres sommes à la prorogation du prêt, le banquier sera loin d'être constitué en perte. Sa prétention ne s'appuie donc sur aucune raison sérieuse.

Ces commissions répétées sur chaque report ou sur chaque renouvellement ne sont pas autre chose qu'un intérêt déguisé, et des plus abusifs. Il faut remarquer en effet qu'à chaque renouvellement périodique la commission est prélevée, non pas seulement sur le capital de l'avance originaire, mais sur les intérêts, et aussi sur les commissions précédentes, qui sont venues successivement grossir ce capital. Au bout d'une année par exemple, s'il y a eu quatre règlements trimestriels, on trouve que la somme prêtée a donné lieu à quatre commissions, et que la même perception a porté sur les intérêts, quatre fois capitalisés, et aussi, à la fin des trois derniers trimestres, sur les commissions déjà perçues. Ajoutez qu'on arrive ainsi à faire porter le droit de commission sur des opérations qui devaient y rester soustraites, d'après ce que nous avons dit précédemment, mais qui en viennent à le subir, puisqu'elles sont comprises dans le solde. On n'a pas même ici, comme pour l'anatocisme, le prétexte d'une comptabilité plus commode : il s'agit simplement d'ajoute: ou de ne pas ajouter le supplément de commission au moment du solde, en le reportant en tête du nouveau compte. La régularité des écritures n'y est nullement intéressée.

Il pourra arriver, si le droit de commission pour simple report est repoussé, qu'on recoure à des déguisements. On feindra un remboursement effectif du solde, immédiatement suivi d'un nouveau prêt. Mais il est incontestable que de pareilles simulations ne lieront pas le juge, et qu'il pourra déclarer, contrairement aux affirmations du compte, qu'il y a perception illicite.

Telle est la voie dans laquelle la jurisprudence paraît être définitivement entrée, au sujet de la question qui nous occupe. Sauf les quelques exceptions que nous avons signalées, elle n'admet point le droit de commission pour report de solde ou renouvellement d'effets. Nous l'avons déjà dit: il serait assez difficile de préciser sur quel fondement s'appuie ce pouvoir de réduction que les tribunaux exercent. «Sans ce pouvoir, il serait impossible d'atteindre l'usure déguisée sous l'apparence du droit de commission en telle sorte que, en matière d'avances de fonds ou de prêts qui seraient reportés successivement dans plusieurs arrêtés de compte se liant les uns aux autres, le prix de l'argent ne recevrait d'autres limites que celles que les parties consentiraient à lui donner, ce qui serait évidemment la subversion de la loi du 3 septembre 1807. » Ainsi s'exprime la Cour de cassation dans un arrêt du 2 juillet 1845 (Pal. 45, 2, 141). Et c'est dans le même ordre d'idées que sont motivées les décisions très-nombreuses qui ont accueilli la même solution. (V. notamment Douai, 20 février 1841. Pal. 41, 2, 497. — Colmar, 27 mai 1846. Pal. 48, 1, 231.—Cass., 5 décembre 1854. Pal. 55, 1, 238). Mais on ne peut s'empêcher de signaler le manque de logique qui se retrouve dans tous ces arrêts, quand on lit par exemple dans un arrêt de la Cour de cassation : « Attendu que la Cour s'est fondée sur ce que l'ensemble des diverses opérations critiquées par Abel Petiot n'avait procuré à la maison Berthod et Coste qu'une perception de 7 fr. 25 d'intérêts ou commission par an, et que faire subir un retranchement à ce chiffre, ce serait obliger les maisons de banque à cesser leurs opérations. » (Cass., 12 mars 1851. Pal. 51, 2, 394). C'est toujours, on le voit, la même inconséquence. On regarde la commission comme autre chose qu'un intérêt quand il s'agit d'en fixer le taux au point de vue de la loi de 1807. On la regarde au contraire comme un intérêt quand il s'agit d'en réglementer les excès. Si la commission est un intérêt, on n'a

pas le droit de permettre une commission de 1, 25 en sus
des 6 0/0. Si elle n'est pas un intérêt, on n'a pas le droit de
de réduire une commission, à quelque taux qu'elle s'é-
lève.

Il y a quelque importance à savoir, quand on réduit
une commission exagérée, si on la réduit ainsi à titre de
prestation usuraire ou à titre d'obligation sans cause.
Supposons par exemple que dans un compte-courant un
intérêt de 4 p.0/0 soit stipulé. En sus de cet intérêt, le créditeur prelève 1/4 p. 0/0 pour ses avances, et reproduit cette
perception à chaque arrêté de compte trimestriel. On se
demande si cette façon de procéder peut être critiquée.
Si on l'attaque en argumentant de la loi de 1807, on ne
réussira pas à l'annuler, parce que, en réunissant l'intérêt et la commission, on n'arrive pas encore au taux
maximum fixé par la loi. Si au contraire on soutient
que la commission est une rémunération de travail, qui
ne peut être exigée que lorsqu'il y a eu soins effectifs, et
que l'on ne peut demander à l'occasion d'un simple
report de solde, on devra annuler les commissions
comme n'ayant pas de raison d'être, sans se préoccuper
de savoir si, réunies à l'intérêt, elle dépassent ou non le
taux légal. Ce n'est pas à cette dernière manière de voir
que la jurisprudence s'est arrêtée. Dans une espèce où
la question se posait comme nous venons de le dire, la
Cour de cassation a refusé d'annuler des commissions
parce que, jointes à l'intérêt, elles ne dépassaient pas six

pour cent. (Cass. 25 mai 1864. Dall. 64. 1, 417). On pourrait élever contre cette décision les critiques que nous avons précédemment exposées. Si on s'appuie sur la nature spéciale du droit de commission pour le déclarer valable quand il dépasse le taux légal, il n'est pas possible d'y voir un supplément d'intérêt quand le taux légal n'est pas atteint. Mais, et c'est ce qu'il ne faut pas perdre de vue dans toute cette étude, il ne s'agit pas ici d'une question de droit civil, où les principes seuls servent à trancher les difficultés qui se présentent. La pratique a ses exigences, et il est impossible de rester toujours rigoureusement logique quand on cherche à concilier ces exigences avec une loi limitative, portée il y a soixante ans, faite pour d'autres relations et pour un état social tout différent

Il peut arriver qu'une même opération donne lieu à deux droits de commissions différents, au profit de deux banquiers. Ceci se présente notamment quand un effet remis en compte a besoin de deux ou de plusieurs signatures pour être admis à l'escompte d'un établissement public de crédit. Le banquier qui reçoit les traites se charge de procurer la signature d'un autre banquier, et porte en compte à son client les deux commissions. Cette perception double n'a rien que de très-légitime, puisqu'elle correspond à un double service, une fois qu'il est reconnu en principe que le droit de commision se distingue de l'intérêt. Si l'on est d'avis au contraire

que la distinction admise par la jurisprudence n'a pas
de fondement, et qu'il faut additionner les deux perceptions pour voir si la loi de 1807 est violée, on peut se
demander alors si l'on doit faire entrer dans cette addition le double droit de commission. En d'autres termes,
y a-t-il usure quand le débiteur paie plus de six ? ou
seulement quand le créancier reçoit plus de six ? et
la perception cesse -t'elle d'être usuraire parce que
plusieurs personnes en profitent? Nous n'hésiterions pas
à dire que, pour savoir s'il y a usure, il faut envisager
ce que paie l'emprunteur, et non ce que reçoit le créancier. Sans cela les fraudes seraient trop faciles. (V. à
cet égard la note de Dalloz, à propos de l'arrêt de cassa-
loin du 25 mai 1864. Dall. 64, 1, 417). Mais cette controverse ne se soulève même pas quand on voit dans la
commission une sorte de salaire, le prix d'un service
rendu, une prestation dont la loi de 1807 n'a pas limité
l'étendue.

On ne peut percevoir le droit de commission pour un
simple renouvellement d'effets ou un report de solde.
Mais toutes les fois que cette opération a entraîné pour
le banquier des soins réels, la perception de la commis
sion reprend sa raison d'être. Ceci est encore bien certain
quand le banquier a eu une avance de fonds à faire
à son client à cette occasion. Ainsi le timbre des effets qui
ont dû être souscrits par le débiteur pour le renouvellement doit rester à la charge du débiteur, et le banquier

qui en aurait fait l'avance pourrait s'en créditer. Il y a
là une simple réclamation d'avances, qui n'a rien de
commun avec la commission, et dont la légitimité ne
peut être contestée. (Dijon, 21 janv. 1850. Pal. 51. 2.
391.)

CHAPITRE QUATRIÈME

DE LA BALANCE, DU SOLDE, ET DE LA CLOTURE

I. — A certaines époques, on arrête le cours du crédit et du débit pour les comparer l'un à l'autre. C'est ce qu'on appelle balancer le compte-courant. Lorsque les totaux des deux colonnes ne sont pas exactement égaux, on inscrit la différence sous le nom de solde ou de balance, à la suite de la colonne dont la somme est la moindre, et l'on arrive ainsi à équilibrer le crédit et le débit. Quant au solde, qui correspond à ce qu'on appellerait *reliquat* dans un compte civil, il devient immédiatement exigible, comme le serait une dette ordinaire.

Toute balance n'est pas nécessairement suivie d'une clôture du compte. Au contraire la clôture doit être nécessairement précédée d'une balance. Il y a clôture lorsque les relations de compte-courant cessent entre les parties. On ne peut en arriver là qu'après avoir déterminé la situation définitive qui résulte des écritures. Mais d'autre part on peut déterminer la situation des parties sans avoir pour cela l'intention de clôturer le compte. C'est même ce qui arrive le plus souvent. On fait des balances périodiques, soit tous les trois mois, soit tous les six mois soit tous les ans, pour régulariser les livres, pour capitaliser les intérêts échus, et aussi pour qu'on n'ait pas à revenir, le jour où l'on voudra clôturer le compte, sur des opérations anciennes, réglées depuis longtemps. Au moyen de ces balances périodiques acceptées par l'une des parties e envoyées par l'autre, on liquide dès le moment de leur naissance toutes les contestations auxquelles le détail des articles pourrait donner lieu. Nous aurons à revenir sur ce point, qui a son importance.

Le compte n'est pas balancé, et à plus forte raison n'est pas clôturé, quoiqu'il soit matériellement arrêté dans les livres d'une partie, ou même de toutes deux, quand il n'y a pas eu envoi et acceptation du résultat. C'est en général la partie en faveur de laquelle le compte se solde, qui expédie à l'autre une copie du compte, et quand celle-ci n'a pas d'objection à faire, elle retourne l'extrait envoyé avec son approbation, ou même avec sa simple signature, qui suffit si elle est commerçante. Quand l'un des correspondants est banquier, ou exerce une profession qui se rapproche de celle du banquier, c'est lui qui envoie toujours le compte, soldant pour ou contre lui. Quand l'envoi et l'acceptation ont eu lieu, il s'est formé entre les parties un véritable contrat, qui les lie irrévocablement, sauf les exceptions que nous verrons. C'est alors seulement que la balance du compte est faite. Jusque-là, il n'y a de part et d'autre que des écritures qui n'ont aucun effet obligatoire. L'envoi lui-même ne constitue une obligation, ni de la part du récepteur, ni de la part de l'envoyeur. Tant qu'il n'y a pas signature du compte, il n'y a qu'un projet, susceptible d'être discuté et modifié (Tribunal de Commerce de Marseille, 18 décembre 1851).

Une fois le compte balancé, il peut être, ou continué, ou clôturé, c'est-à-dire que les relations antérieures, vont ou se poursuivre ou cesser. Il existe des cas où l'intention des parties à cet égard n'est pas douteuse, mais quelquefois aussi il y a des difficultés sur ce point. Quand la balance a eu lieu par suite de la mort, de la déconfiture ou de la faillite d'une des deux parties, il est bien certain qu'elle sera définitive et que les opérations de compte-courant ne continueront pas. La situation est très-nette encore quand celui en faveur duquel le compte se solde poursuit le débiteur en paiement du reliquat, ou quand la lettre d'envoi du compte exprimait la volonté de ne pas continuer les relations. La seule difficulté qui puisse se produire dans cette hypothèse vient de ce que les parties ne connaissent quelquefois que longtemps après, l'événement qui a mis fin au compte. Ainsi une maison d'Amérique, ignorant que son correspondant d'Europe a cessé ses affaires, lui expédie des traites en compte-courant. Les traites pourront être réclamées sans aucun doute, l'envoi ayant eu lieu sans cause ou sur une fausse cause, et cette réclamation n'aura rien de contraire à l'article 574. — Quand c'est la volonté d'une des parties qui met fin aux relations, on peut se demander si les effets du compte cessent du jour de l'envoi de la lettre, ou du jour de sa réception. Cela peut avoir de l'importance pour des envois qui auraient lieu entre ces deux époques, qui peuvent être fort éloignées l'une de l'autre. Nous pensons que le compte s'arrête au jour de l'envoi, et que par conséquent un effet reçu dans l'intervalle par celui qui a rompu les relations, pourrait être réclamé, malgré l'article 574, n'étant pas entré dans le compte. Quoi qu'il en soit, dans les cas qui viennent d'être passés en revue, l'intention de cesser les relations n'est pas douteuse.

En sens inverse, il est souvent bien certain que les parties ont entendu faire une simple balance sans clôture. Ainsi, dans la lettre d'envoi, le créditeur prévient le débiteur que le solde monte à telle somme, et qu'il l'en débite à nouveau. L'autre partie accepte. Le compte continue. Il en serait de même si des remises nouvelles de valeurs avaient suivi de près l'envoi du compte.

Mais si les relations ne continuent pas, et que le solde ne soit pas payé par celui qui le doit, que faut-il décider ? La question a son importance, à cause de la capitalisation des intérêts. Si le compte a cessé, et qu'il y ait simple dette du solde, le créancier n'aura pas le droit de capitaliser par intervalles moindres d'un an, et même pas par année, s'il n'y a convention spéciale à cet égard. Admettons au contraire la continuation du compte, et alors il suffira d'arrêtés effectifs, faits régulièrement, pour que la capitalisation s'opère, surtout si l'on est dans le ressort d'une Cour qui n'exige pas la réciprocité des remises. Au bout de quelques années, la différence entre les résultats obtenus par ces deux façons de compter pourra être assez considérable. Aussi la question s'est-elle plusieurs fois présentée dans la pratique. Il est difficile de la résoudre par une règle générale. Tout dépend de l'intention des parties et de l'appréciation des circonstances. Quand le débiteur a été prévenu à chaque règlement périodique qu'il était reporté comme débiteur à nouveau, qu'il n'a jamais réclamé, que d'ailleurs il est commerçant et que les règlements n'ont eu lieu que par année, on peut décider, comme l'a fait la Cour d'Orléans (27 août 1840. Pal. 40. 2. 504), que le compte à continué de courir. (V. dans le même sens Grenoble, 24 février 1841. Pal. 42 1. 148). Mais si l'une des parties en compte s'est complétement retirée des affaires, et que par conséquent il soit certain qu'elle ne reprendra pas les relations du compte, la créance du solde est une simple créance, dont les intérêts ne peuvent être capitalisés comme ils le seraient en compte-courant, quoiqu'il y ait eu envoi et réception d'arrêtés effectifs. (Rouen 24 juil. 1851. Pal. 53. 1. 42). C'est dans ce dernier sens qu'il faudra le plus souvent incliner, parce que la capitalisation dans des conditions autres que celles de l'article 1154 est une exception au droit commun. Mieux vaudra donc déclarer le compte clos quand rien n'indiquera, chez les parties, l'intention de le suspendre simplement.

Quand la partie constituée débitrice par le compte refuse de l'accepter et soulève des constestations, des questions de compétence peuvent se présenter. Mettons tout de suite de côté le cas où le compte a eu lieu entre non-commerçants, ou même entre un non-commerçant et un commerçant. Il faut appliquer alors les principes ordinaires, c'est-à-dire que l'on ira devant le tribunal civil, et que le commerçant seul pourra être poursuivi devant le tribunal de commerce. Ceci serait vrai quand même il y aurait dans le compte quelques opérations commerciales : l'ensemble du compte est néanmoins une affaire civile, où les opérations commerciales isolées sont venues se fondre. Si l'existence même du compte-courant est déniée, chaque opération garde son individualité, sa nature propre, et la compétence qui s'y rattache. Par lui-même, le compte courant n'est pas un acte de commerce (Paris, 5 Aout 1811, cité à sa date dans le Journal du Palais).

Au contraire, quand il intervient entre deux commerçants, le compte-courant, considéré comme un ensemble, devient une opération commerciale, et des affaires civiles qui y sont relatées perdent en y entrant, leur caractère civil. Nous avons eu occasion de parler plus haut de cet effet remarquable du compte-courant. (*V.* sur ce point,

Cass. 19, déc. 1827. J. du Pal. à sa date, et Cass. 8 mars 1853. Pal. 53, 1, 668).

Sur la compétente *ratione personæ*, M. Noblet (du compte-courant, n°s 224 et suivants), présente une théorie dont voici le résumé. Toute demande qui a pour objet une opération spéciale comprise dans le compte doit être portée devant le tribunal qui est compétent pour juger de cette opération, parce qu'une affaire ne change pas de nature par sa seule entrée dans le compte. La demande en paiement du solde ne peut être portée en bloc devant le tribunal du défendeur que quand le compte a été accepté : jusque-là les divers éléments restent isolés, chacun avec sa compétence spéciale. Quant à la simple action en dressement du compte, elle ne peut être portée que devant le tribunal du défendeur. (Bordeaux, 16 mars 1831. — Lyon, 2 décembre 1829).

Ce système a le défaut d'atténuer un peu trop les effets du compte-courant. Lorsque les parties sont d'accord sur l'existence même du compte, et contestent seulement le montant de tel ou tel article qui y a été porté, pourquoi ce débat serait-il porté devant le tribunal qui a pu être exceptionnellement compétent pour connaître de l'affaire avant son entrée dans le compte ? Il y a eu novation par suite de la mention faite au compte. Le fait même de la novation n'est pas discuté Dès lors on ne peut plus attacher à la nouvelle créance les compétences spéciales que l'article 420 du Code de procédure pouvait attribuer à la créance éteinte, et le seul tribunal compétent est celui du droit commun, celui du domicile du défendeur. Il en est de même de la demande en paiement du solde, même quand le compte n'a pas encore été accepté. Y a-t-il eu ou non compte-courant ? Si l'on est d'accord pour dire oui, quoique en désaccord sur le règlement, il faut aller au tribunal du domicile du défendeur, seul compétent pour trancher le débat.

Mais du moment que l'une des parties dénie l'existence même du compte-courant, ou soutient que telle ou telle opération n'a pas dû entrer dans le compte-courant, il faut revenir aux règles ordinaires, et le demandeur peut se prévaloir de l'article 420, le fait de la novation n'étant pas établi. Dans ces limites, la théorie de M. Noblet est exacte. L'affaire qui n'est pas entrée en compte-courant du consentement commun des parties conserve son individualité et ses règles propres.

Il y a peu de chose à dire sur la façon dont procède le règlement du compte quand il a lieu en justice. Le tribunal peut renvoyer les parties devant un juge-commissaire, en présence duquel les différents articles de crédit et du débit sont discutés. Les deux masses sont formées, comme elles le seraient dans un compte entre particuliers, puis on les balance l'une avec l'autre. S'il y a quelque contestation, c'est le tribunal qui statue. Il rejette du crédit les articles qui ne sont pas justifiés : et aussi, d'après la jurisprudence exposée plus haut, il raie ou diminue les intérêts exagérés et les commissions abusives.

Quand le compte a été ainsi dressé en justice, la révision ne peut plus en être demandée, sauf pour erreurs, omissions, faux ou doubles emplois. (Article 541, Code de procédure). On s'est demandé si la même règle doit être appliquée au cas où le compte a été dressé et balancé à l'amiable, entre les parties. Pour la négative, on a fait observer que l'article 541 ne parle que des comptes réglés en justice. Mais il est facile de répondre que, si l'article 541 n'est qu'une application des principes de la chose jugée, les règles ordinaires des conventions mènent au même résultat (article 1134, Cod. Nap.). L'envoi du compte et son acceptation forment un contrat sur lequel il n'y a pas à revenir. Mais il faut pour cela qu'il y ait eu un véritable accord de volontés, c'est-à-dire que le chiffre soit arrêté entre les deux parties. Tant que le débiteur n'a pas donné son consentement à la balance, telle qu'elle lui a été communiquée, il peut discuter tous les articles, et demander la révision. Il ne le peut plus du moment qu'il a accepté le résultat, quand même il n'aurait pas encore payé le solde.

Mais si le principe de l'article 541 peut être invoqué contre le débiteur, il peut aussi, en un autre sens, être invoqué par lui. Quelque absolu que soit l'effet de la convention intervenue, le redressement peut être demandé pour les causes que signale cet article, soit que le compte ait été réglé en justice, soit qu'il l'ait été à l'amiable (v. Merlin, Questions, v° compte-courant). Il y a cette différence entre la révision du compte et le redressement de certains articles que la première remet tout en question et nécessite une discussion nouvelle de tous les éléments, tandis que le second, sans toucher à l'ensemble, amène seulement une rectification de détails. Celui qui, ayant accepté le compte, réclame un redressement pour une des causes qu'énumère l'article 541, doit, comme tout demandeur, prouver sa prétention. Si au contraire on révisait, celui qui voudrait faire insérer un article dans le compte devrait en justifier. La situation serait, on le voit, toute différente.

L'article 541 dit : pour erreurs, omissions, faux ou doubles emplois. Ces quatre cas de redressement sont faciles à distinguer les uns des autres, sans qu'il y ait à cela un grand intérêt pratique. MM. Delamarre et Le Poitvin font remarquer que le mot d'erreur aurait pu suffire, parce qu'en définitive tout aboutit au redressement d'une erreur. Ce terme paraît être pris ici plus spécialement dans le sens d'une faute de calcul, par analogie de l'article 2058 du Code Napoléon. Toute erreur de fait donnerait lieu sans doute au redressement, quand même elle ne porterait pas spécialement sur les chiffres. Mais il nous paraît certain qu'aucun redressement ne pourrait être demandé pour cause d'erreur de droit (analogie de l'article 2052 du Code Napoléon). Pour

les omissions, on aura souvent à se demander si les parties ont voulu faire entrer dans le compte-courant telle ou
telle valeur, ou au contraire la laisser en dehors. Ce sont
des questions d'intention dont nous avons parlé plus
haut. Si, ne voulant pas l'y faire entrer, elles l'y ont
néanmoins insérée, c'est un faux emploi. Dans le cas
inverse, il y a omission.

Des fins de non-recevoir diverses peuvent être opposées
à la demande de redressement. Sans parler encore de la
prescription, à laquelle nous arriverons plus loin, il peut
se faire qu'il y ait eu, sur le point même qui fait l'objet
de la demande en redressement, un accord préalable ayant
le caractère d'une transaction. Les prétentions contraires
des deux parties se sont déjà produites, et une somme a
été fixée pour concilier ces prétentions. Il est certain que
sur ce point là le compte ne pourra plus être attaqué. Il
en serait de même si le point en litige avait déjà donné
lieu à une contestation judiciaire, soit avant, soit depuis
la clôture du compte, et s'il y avait chose jugée. Sur ces
points, qui ne peuvent guère être controversés, il faut
appliquer les principes qu'on observe pour les comptes
en général.

Lorsqu'il y a eu dans un compte des perceptions usuraires, et que le solde a été payé, le débiteur peut-il encore
demander la réduction de ce qu'il y a d'excessif dans les
commissions et les intérêts ? On ne peut dire qu'il y ait
erreurs, omissions, faux ou doubles emplois, et par con-

séquent une demande en redressement appuyée sur l'article 541 ne serait pas admissible. Mais la loi du 3 septembre 1807 autorise la répétition des intérêts payés au delà du taux légal. Les règlements faits entre les parties et même l'apurement complet du compte n'empêcheraient donc pas la réclamation du débiteur contre les perceptions abusives subies par lui (Cass. 21 juil. 1847. Pal. 47. 2. 603 — 24 avril 1849 Pal. 49. 2. 385 —Orléans 21 août 1840, Pal. 40. 2. 543). C'est une application du principe général d'après lequel la nullité d'une obligation ayant une cause illicite n'est pas couverte même par son exécution. La Cour de Rouen paraît s'être attachée à une autre façon de voir, quand elle a dit dans un de ses arrêts:« attendu qu'en supposant que Clerfontaine eût à reprocher à ces comptes une exagération quelconque, la libre acceptation, de sa part, des comptes périodiques à lui adressés, le rend non-recevable à en demander le redressement sous ce rapport.» (Rouen. 27 mars 1847. Pal. 48. 2. 558). Il résulterait de ce système, indiqué plutôt que précisé dans les motifs qui précèdent, que l'exécution couvrirait la nullité de l'obligation. Cette solution serait manifestement contraire à la loi de 1807. Il faut cependant faire une réserve. Sans doute l'acceptation des comptes et le paiement du reliquat ne créent pas contre le débiteur une fin de non-recevoir, mais s'il a payé après un débat sur la question même d'usure, que les perceptions aient déjà été réduites sur sa demande, et

qu'ainsi l'arrêté de compte ait eu le caractère d'une transaction, ne peut-on pas dire qu'il est désormais non-recevable dans sa réclamation? On peut transiger sur l'intérêt civil qui résulte d'un délit, et il ne s'agit pas ici
d'autre chose que de la réparation d'un délit. Mais les
tribunaux devraient apporter la plus grande circonspec-
tion à cet examen de l'intention des parties, et bien s'assurer que le paiement a été fait librement, spontanément,
avec connaissance du caractère usuraire de la perception
et après débat sur ce point. Sans cela les fraudes seraient
trop faciles. Peut-être des circonstances spéciales de ce
genre ont-elles motivé l'arrêt précité, qu'il ne faut en
aucun cas prendre trop à la lettre.

Dans une autre hypothèse encore, il peut y avoir à
revenir sur le règlement d'un compte arrêté, clôturé et
même soldé. Ceci se rattache au mécanisme de la clause
sauf encaissement. Il n'est pas toujours possible de faire
coïncider les arrêtés de compte avec les échéances de valeurs remises : d'autre part, comme nous l'avons vu, le
crédit donné à celui qui a remis les traites n'est que provisoire, et doit être rayé si elles ne sont pas payées à
l'échéance. Le solde n'est donc pas définitivement fixé
tant que le compte contient des effets dont l'échéance
n'est pas encore arrivée ; et si l'on est forcé, pour une
raison ou pour une autre, par la faillite du correspondant par exemple, de clôturer le compte, le reliquat peut
se trouver soumis à des remaniements. Dans ces cir-

constances, le remettant qui se trouverait créditeur par
suite de cet arrêté provisoire, et qui produirait pour le
montant intégral du crédit à la faillite du récepteur,
devrait, ou attendre les échéances des effets, ou donner
caution de restituer à la masse ce qu'il pourrait y avoir
lieu de contrepasser ultérieurement. (V. Pardessus. Droit
commercial, nᵒ 1221. Noblet. Du compte-courant, nᵒ 206).
A l'inverse, le récepteur qui paierait le montant intégral
de son débit provisoire à la faillite du remettant, ne se
rendrait pas pour cela non recevable à invoquer plus
tard, s'il y avait lieu, la clause sauf encaissement pour
faire réduire son débit du montant des effets impayés.
En règle générale, la réclamation ou le paiement du
solde provisoire, même sans réserves expresses, ne met
pas obstacle au jeu de la condition résolutoire, et le
solde du compte n'est pas fixé tant que l'échéance des valeurs reçues sauf encaissement n'est pas arrivée.

II. — Supposons maintenant le compte complétement et
définitivement clos. Reste la créance du solde, résultant
de la comparaison du crédit et du débit, créance exigible, sur laquelle quelques explications doivent être
données.

Les mêmes raisons qui ont fait décider que les sommes
remises au compte-courant doivent porter intérêt de plein
droit doivent faire admettre la même solution pour le
solde du compte-courant. Peu importe que l'on s'attache

de préférence à une idée de prêt ou aux usages de commerce. Les intérêts continuent de courir tant que subsiste la créance. Mais si le débiteur prévient le créancier qu'il tient le solde à sa disposition, les intérêts cessent de courir, puisqu'il ne tient qu'au créditeur de se faire payer. Ordinairement, il tire sur le débiteur pour le montant du solde. (V. sur le cours des intérêts Paris, 24 juin 1812. Pal. à sa date. — Cass. 17 mars 1824. Pal. à sa date. — Cass. 8 mars 1853. Pal. 53. 1. 668).

Souvent le taux des intérêts du solde est réglé à l'avance par les parties, qui conviennent par exemple que le taux sera différent suivant que le compte se balancera pour ou contre l'une ou l'autre d'entre elles. Alors leur volonté fait loi et il n'y a qu'à l'exécuter. Que faut-il décider quand il n'y a pas eu d'arrangement spécial sur le solde lui-même, mais qu'il y en a eu un sur les articles du compte-courant ? Ainsi un banquier et son client ont ouvert un compte en fixant 4 0/0 pour les remises de l'un, et 6 0/0 pour les remises de l'autre. Puis le compte se solde au crédit de celui qui reçoit 4. Dirons-nous que la créance du solde, n'étant que la continuation du compte, portera 4 comme les articles de ce compte, ou que, constituant une dette nouvelle, distincte du compte qui lui a donné naissance, le solde portera intérêt au taux ordinaire de 6 0/0 ? L'intention probable des parties a été que le reliquat produisît les mêmes intérêts que les articles du compte avant la clôture de celui-ci. Il faudrait donc, suivant nous, à moins de circonstances spéciales, appliquer par une sorte de raison d'analogie la convention originaire.

Le paiement du solde peut être immédiatement poursuivi, à moins que les parties soient convenues antérieurement d'un certain délai. Cette suspension conventionnelle de l'exigibilité n'a pas pour effet de prolonger l'existence du compte courant : il est clos et arrêté, et la créance du solde est parfaitement liquide, tout en n'étant pas encore exigible. Ceci n'offre pas de difficulté. La compétence relative à l'action en paiement du reliquat n'en offre pas davantage. C'est une dette ordinaire, dont le paiement doit être poursuivi devant le tribunal du domicile du défendeur, quels que soient les éléments que le compte-courant ait antérieurement renfermés, et qui aient ainsi contribué à former la créance du solde. Il a été parlé plus haut des difficultés, peu graves d'ailleurs, que ces principes ont soulevées. Aucune règle spéciale ne s'applique à l'action en paiement du solde. On a jugé par exemple que le § 7 de l'article 59 du Code de procédure civile ne peut être invoqué par la faillite du créancier, réclamant le solde contre le débiteur. Ce texte n'a voulu attribuer une compétence spéciale qu'aux actions qui naissent du fait même de la faillite : or l'action dont nous parlons ici prend sa source, non pas dans la faillite, mais dans le compte-courant. (Douai 14 février 1844. Pal. 44. 2. 403. — Lyon 3 juillet 1846. Pal. 46. 2 697). On objecterait en vain que la faillite de l'une des parties a mis aux opérations du compte une fin nécessaire, et qu'ainsi c'est par cet événement que le reliquat a été fixé au montant qui fait l'objet de la réclamation. Il ne résulte pas de là que la créance du solde ait avec la faillite cette corrélation intime qui est, d'après la jurisprudence, la condition indispensable de l'attribution de compétence contenue dans l'article 59. § 7 du Code de procédure.

Les juges peuvent-ils, en s'appuyant sur l'article 1244 du Code Napoléon, accorder un délai de grâce pour le paiement du solde ? On invoque, pour la négative, les articles 157 et 159 du Code de commerce, portant qu'aucun delai ne peut être accordé pour le paiement des lettres de change et billets à ordre. Il est tout d'abord certain, ces articles étant donnés, que si l'on a souscrit des billets ou des lettres de change en paiement du reliquat, l'article 1244 du Code Napoléon est inapplicable. Mais nous supposons qu'on n'a point créé d'effets, et que la créance se présente toute seule, telle qu'elle résulte de la balance du compte L'application textuelle des articles 157 et 159 ne peut plus alors être invoquée. Elle ne peut même pas l'être, suivant nous, quand le compte n'a pas encore été accepté par la partie débitrice. M. Noblet (n° 244) semble attacher quelque importance à cette circonstance. Mais par cela même qu'il y a eu compte-courant entre les parties, et qu'un effet de commerce y est entré de leur consentement commun, cet effet a perdu sa nature propre pour devenir un simple article de comptabilité. On ne peut donc pas dire que les articles 157 et 159 aient continué à s'appliquer à lui, malgré son entrée en compte. Cette théorie mènerait à des résultats singuliers, puisqu'il faudrait alors opérer une sorte de triage dans le reliquat, distinguer ce qui provient de traites de ce qui provient d'autres causes, et défendre au juge d'accorder des délais pour une partie du solde, en lui permettant d'en accorder pour l'autre.

Nous pensons néanmoins que des délais de grâce ne peuvent être consentis, non par application des articles 157 et 159, mais par l'effet d'une règle générale, dont ces articles eux-mêmes ne sont qu'une manisfestation isolée. L'article 1244 du Code Napoléon n'est applicable qu'aux matières civiles, où la précision et l'exactitude sont choses moins nécessaires que dans les affaires du négoce. Comme le dit fort bien Toullier: «les obligations du commerce ont leurs règles particulières, et le Code de commerce, qui contient ces règles, n'a point donné aux juges un pouvoir plus dangereux encore en cette matière qu'en matière civile.» (Toullier. T. VI, p. 661). les arrêts qui ont admis une solution contraire (Bourges, 6 juin 1840. Pal. 41. 2. 126. — Cass. 2. Déc. 1842. Pal. 43. 1. 316) en ont donné cette raison que, les articles 157 et 159 étant spéciaux, on rentrait, à défaut de ces articles, dans la règle générale de l'article 1244. Mais sans même examiner la question si grave de l'application des lois civiles aux affaires commerciales, on peut dire que l'article 1244 n'a été fait que pour le droit civil. Les règles commerciales ont été expressément réservées dans la dicussion de cet article. Nous lisons dans le discours du tribum Favard: « nous ne parlons pas ici des obligations de commerce, qui doivent avoir leurs règles particulières selon la nature des engagements.» De puissantes considérations de fait viennent à l'appui de ces raisons de droit. En matière civile, le créancier qui n'a pas pu se faire payer de son débiteur, parce que celui ci a obtenu un délai de grâce, pourra demain en solliciter et en obtenir un pareil contre son propre créancier, en alléguant précisément l'impossibilité où il a été de rentrer dans ses fonds. Peut-il en être de même en matière commerciale? Nullement. Si le créancier du solde a signé une lettre de change ou un billet à ordre, et compte pour solder cet effet sur le reliquat de compte qu'il va recevoir, sera-t'il juste de retarder la rentrée de sa créance tandis que le paiement de sa dette ne peut être suspendu par aucun délai? Tout s'enchaîne dans les transactions commerciales, et ce qui paraît une solution équitable vis-à-vis du débiteur devient une criante injustice quand on envisage la position du créancier.

Il est bien entendu qu'entre non-commerçants l'article 1244 du Code civil reprend tout son empire, et que des délais de grâce peuvent alors être accordés. Nous croyons même qu'il faut appliquer cet article quand, le débiteur n'étant pas commerçant, et l'ensemble des opérations n'ayant rien eu de commercial, la demande est portée devant le tribunal civil. Le demandeur est, il est vrai, commerçant : mais il a dû s'attendre, en traitant avec un non-commerçant, à se voir opposer l'article 1244.

De la nature du solde, qui est une simple créance, il résulte que ce solde, pour peu qu'il soit liquide et exigible, peut faire l'objet d'une compensation. Il ne serait pas liquide s'il comprenait des crédits résultant de la remise d'effets non encore échus. Il ne serait pas exigible s'il y avait eu à cet égard une convention spéciale. Mais, ces réserves faites, rien n'empêche que la créance du solde, une fois le compte arrêté, se compense avec une créance que le débiteur a de son côté. Il ne s'agit plus ici de cette compensation des divers articles du compte, qui sert à former le solde. Il s'agit de la compensation ordinaire, qui s'applique à cette créance comme elle s'appliquerait à toute autre. Les règles ordinaires devraient donc être observées. La compensation légale aurait lieu entre toutes créances devenues exigibles avant le jugement déclaratif de la faillite d'une des deux parties. Mais, suivant une jurisprudence très-conforme à la raison, et qui tend à s'affermir, il ne peut y avoir de compensation légale entre une créance du failli, exigible avant le jugement, et une des dettes du failli que le jugement a pour effet de rendre immédiatement exigible. Appliquant cette jurisprudence à notre matière, nous trouvons les résultats suivants:

Supposons que, d'après les conventions originaires, le compte ait dû être arrêté le 1 juin, et que le jugement déclaratif soit du 5 juin. L'une des parties a été créancière du solde pendant quatre jours: et si d'autre part elle doit au failli une somme déjà exigible le 1 juin, la compensation légale a pu s'opérer, pour peu que le solde du compte soit liquide. Supposons au contraire que le compte ait dû s'arrêter le 6 juin, le jugement restant au 5, le compte s'arrête par le fait de la faillite, et le solde en devient exigible immédiatement. Mais, aux termes de la jurisprudence, la compensation qui aurait pu avoir lieu si l'exigibilité était survenue la veille, indépendamment de la faillite, est désormais impossible parce que l'exigibilité résulte de la faillite, et non de la convention originaire. Ces résultats, qui peuvent sembler rigoureux, découlent directement des principes, et seraient sans doute consacrés par la jurisprudence, si une espèce de ce genre se présentait.

Nous avons expliqué plus haut quelles modifications les principes ordinaires de la compensation en cas de faillite peuvent subir par l'application de la clause sauf encaissement.

III. — La créance du solde est souvent garantie par une hypothèque, constituée au moment où les relations entre

les parties ont commencé. C'est principalement à cette
forme spéciale du compte-courant que l'on appelle l'ouverture de crédit, que cette garantie hypothécaire est
annexée. Dans l'acte même où est faite la promesse de
prêter, on constitue l'hypothèque, et elle couvre les
diverses avances, à mesure qu'elles ont lieu. Toutefois il
peut arriver aussi que la même sûreté soit stipulée pour
un compte-courant proprement dit, où ont lieu des remises
réciproques, et qu'elle le soit alors par chacune des parties de son côté, pour le cas où elle resterait créditrice du
solde. Dans tous les cas, ce n'est pas tel ou tel article du
compte qui est garanti ; c'est le solde du compte. Il faut
toujours, bien entendu, pour constituer l'hypothèque, un
acte authentique. De même aussi l'inscription doit contenir une évaluation de la créance garantie. Tous ces
points ne soulèvent pas de doutes.

On ne conteste plus la légitimité de pareilles constitu-
tions d'hypothèque, accompagnant des promesses de
prêt. On l'avait tenté à l'origine, en s'appuyant sur l'article 1174 du Code Napoléon (Delvincourt, t. III, p. 378).
Mais cette opinion a été universellement rejetée. L'article
1174 déclare nulles les obligations contractées sous une
condition purement potestative de la part de celui qui
s'oblige. Cela veut dire que, lorsque la cause de l'obligation existe, il ne doit pas dépendre de la seule volonté
d'une partie d'être obligée ou non. Mais cela ne signifie
pas qu'il ne puisse dépendre de la volonté d'une partie

de faire naître à son gré la cause de l'obligation. Ainsi, ayant reçu un prêt (cause d'obligation), je ne peux pas stipuler que je paierai si je veux. L'article 1174 s'y oppose. Mais avant de recevoir le prêt, je peux fort bien stipuler que j'emprunterai si je veux, quitte à être forcément débiteur, si j'emprunte. Sans cela, toutes les obligations du monde seraient nulles, parce qu'avant la naissance de l'obligation il y a toujours eu un moment où il dépendait du débiteur de s'obliger ou non. — M. Pont (des priviléges et hypoth. n° 711), qui est du même avis que nous, insiste sur cette idée que le donneur de crédit est véritablement lié par le contrat, et se fonde là dessus pour écarter l'article 1174. Cette façon de raisonner n'est pas exacte, puisque ce n'est pas le donneur de crédit qui constitue l'hypothèque, et que peu importe dès lors qu'il soit obligé. Ce qui décide la question, c'est qu'il y a, de la part du demandeur de crédit, une obligation condition- nelle des plus valables. (Besançon 30 nov. 1848, Pal. 49, 2, 643. — Cass. 21 nov. 1849, Pal. 50, 1, 685. — Du- ranton, t. XIX, n° 244, Troplong, hypothèques, n° 480).

Mais cette hypothèque, reconnue légitime dans son principe, a donné lieu à un certain nombre de questions controversées, que nous devons examiner rapidement, parce qu'elles touchent aussi bien à la matière du compte- courant qu'à celle des hypothèques.

1° — Les versements divers doivent-ils être constatés par un acte authentique pour que l'hypothèque les couvre?

On comprend tout ce que l'affirmative, si elle était adoptée, jetterait de difficultés et d'entraves dans les relations du compte-courant. Aussi n'a-t-elle guère été soutenue. L'article 2127 exige un acte authentique pour la constitution de l'hypothèque ; mais nous supposons que cette condition a été remplie à l'origine des relations. Aucun texte ne demande un acte authentique pour constater les fluctuations diverses que peut subir la créance garantie, quand elle n'est pas liquide dès le principe. Aussi la Cour de Douai a-t-elle décidé que dans un compte-courant commercial les versements effectués peuvent être prouvés par les livres des parties (Douai, 17 décembre 1833, Pal. à sa date). Tout au plus pourrait-on exiger, entre non-commerçants, la date certaine des actes constatant les versements : et ceci même ferait difficulté si l'on avait employé, pour réaliser les avances, l'instrument commercial des lettres de change.

2° — Nous avons indiqué déjà dans une autre partie de ce travail une question qui s'est présentée dans la pratique et qui mérite d'être examinée de près. Un crédit garanti par une hypothèque a été ouvert pour cinq ans, jusqu'à concurrence de 100,000 fr. Il est donc limité, et quant au temps, et quant aux sommes. L'inscription est prise dans ces conditions. Puis des relations de compte-courant s'établissent entre les deux parties. Au bout des cinq ans, celui qui a donné le crédit est en avance de 150,000 fr. Si on arrêtait le compte à ce moment, cette somme serait garantie pour ses deux tiers par l'hypothèque. Mais on n'arrête pas le compte: les relations continuent et après deux autres années le crédit de la partie en avance se trouve réduit de 150,000 à 50,000 fr. Ce reliquat est-il garanti par l'hypothèque primitivement constituée? La Cour de Rouen l'a pensé, à cause de l'unité du compte-courant, qui est un enchaînement indissoluble d'opérations successives. L'arrêt de Rouen a été cassé (Cass. 22 mars 1852. Pal. 52. 2. 286), parce que, si le compte-courant est indivisible dans les rapports des parties entre elles, il ne l'est pas vis-à-vis des tiers, et que l'hypothèque donnée pour cinq ans ne peut couvrir le solde qui résulte du compte au bout de sept ans. L'affaire renvoyée devant la Cour de Paris y a reçu la même solution que lui avait donnée la Cour de Rouen (Paris, 21 décembre 1852. Pal. 53. 1. 182), par cette raison que, le solde du compte ayant diminué entre la cinquième et la septième année, les tiers n'avaient pas intérêt à critiquer la prorogation. Nous avons déjà dit combien cette décision nous paraissait peu fondée. La créance de 150,000 qui aurait existé si on avait arrêté le compte au bout de cinq ans, n'existait plus : c'était une autre créance qui se produisait au bout de sept ans, et celle-ci n'était nullement garantie par une hypothèque qui n'avait pas été constituée pour elle. « Tout ceci eût été bon, dit M. Paul Pont, qui approuve l'arrêt, si la situation hypothécaire du crédité se fût trouvée aggravée par le solde définitif du compte prorogé. Dans la situation inverse, et quand les créanciers contestants n'avaient aucun intérêt à critiquer une prorogation au cours de laquelle la situation de leur débiteur s'était améliorée à ce point que le solde, au lieu d'absorber la garantie hypothécaire, n'atteignait pas même à la moitié, leur prétention était assurément contraire à la justice ». Ce ne sont pas là des raisons. Les créanciers ne critiquaient pas la prorogation: pas plus qu'ils n'auraient critiqué un paiement fait par leur débiteur au créancier du solde. Ils disaient simplement: la dette garantie est éteinte et remplacée par une autre. Quant à l'intérêt qu'ils y avaient, il est facile à apercevoir, puisqu'il s'agissait de savoir si le solde de 50,000 fr. serait ou non couvert par l'hypothèque Nous ne critiquons ici la solution qu'au point de vue des tiers: nous avons dit en un autre lieu qu'elle nous semblait tout aussi contraire aux principes du compte-courant.

3° — L'hypothèque a été inscrite au moment de sa constitution, c'est-à-dire au moment de l'ouverture de crédit, avant tout prét réalisé. Si elle était destinée à couvrir des avances antrieures, ce qui peut arriver (Cass. 13 août 1855), il n'y aurait pas de difficulté. Mais quand les avances suivent l'inscription de l'hypothèque, celle-ci prend-elle rang du jour de l'inscription, ou du jour de la réalisation des avances? On comprend l'immense intérêt pratique de cette question. Si l'inscription est prise le 1 juin, et qu'une avance ait lieu le 15 juin pour une somme de 10,000 fr., une autre hypothèque, inscrite entre le 1 et le 15 juin, primera cette créance de 10,000 fr. ou sera primée par elle suivant que le rang de l'hypothèque annexée au crédit se placera à l'une ou à l'autre de ces deux dates.

La question est depuis longtemps résolue en pratique dans le sens de la rétroactivité de la garantie hypothécaire (V. notamment Paris, 30 mars 1842. — Besançon, 30 novembre 1848. Pal. 49, 2, 643 — Paris, 15 janvier 1852. Pal. 52, 1, 334 — Cass. 8 mars 1853. Pal. 53, 1, 364). Les raisons qu'on en donne, et qui sont empruntées surtout aux nécessités du contrat qu'on appelle ouverture de crédit, sont des plus sérieuses. Elles sont fort nettement exposées par la faculté de Strasbourg, dans les observations données par ce corps lors de l'enquête administrative de 1841. Le banquier qui ouvre un crédit de 100,000 fr. et qui se fait consentir une hypothèque pour cette somme ferait un marché de dupe s'il lui fallait, chaque fois que le crédité lui demande une avance, aller consulter le registre des hypothèques, et s'assurer qu'aucune hypothèque ne suit la sienne. Ajoutez que, quand même cette recherche lui révèlerait une inscription prise depuis la sienne, il ne pourrait pas se soustraire à l'exécution de la promesse de prêt qu'il a faite. Tout ceci devient encore bien plus criant pour peu que l'on suppose un compte-courant complet, c'est-à-dire composé de remises réciproques. Il ne sera plus même possible alors, si l'on n'adopte pas le système de la jurisprudence, de faire remonter l'hypothèque au jour des diverses avances. Tous les divers versements seront fondus dans la masse du compte, et soumis à des fluctuations successives qui ne permettront pas de reconnaître dans le solde définitif un versement fait à tel ou tel jour. En sorte que l'hypothèque ne datera, si l'on veut être logique, que du jour de l'arrêté du compte. Est-il rien de plus contraire à l'intention des parties ? Le seul moyen de donner un effet sérieux à leur convention, c'est de faire remonter l'hypothèque au jour de l'inscription. Les tiers n'en souffriront aucun préjudice, puisqu'ils seront prévenus par l'inscription que le crédité est soumis à une dette éventuelle de 100,000 fr, pour laquelle il a donné hypothèque. Ils n'auront pas dès lors à s'occuper de savoir si les prêts ont été réalisés ou non, et ils considéreront l'immeuble ou les immeubles comme déjà grevés d'une dette hypothécaire de 100,000 fr. (Grenier, t. I, n° 296 — Pardessus, droit commercial, t. IV, n° 1137 — Devilleneuve, note de 1850, 1, 91).

Telles sont les puissantes considérations de fait sur lesquelles s'appuie la jurisprudence. Quand on cherche les raisons de droit qui militent pour ce système, on est un peu embarrassé. Il y a, dit-on, une créance conditionnelle pour le créditeur : la condition, c'est la réalisation des prêts. Ce raisonnement est difficile à admettre : car il faudrait dire alors, si l'on voulait être logique, que la créancedu solde date aussi rétroactivement du jour de l'ouverture de crédit : ce qu'il est impossible d'admettre. La créance de celui qui fournit des fonds ne prend naissance que du jour où il les fournit. Jusque-là, il n'y a que lui qui soit obligé : or c'est à lui que l'hypothèque est consentie, et non lui qui la consent. — M. Pont (n° 719) a recours à un autre argument, qui est assez singulier. D'après lui, le récepteur de crédit donne mandat au banquier : quel mandat ? celui de prêter de l'argent au mandant. Or rien n'empêche de constituer une hypothèque pour sûreté d'un mandat. — Il est à peine besoin de montrer tout ce qu'il y a de factice dans cette argumentation. C'est un bizarre mandat que celui que je donne de me procurer des capitaux. Par là je donne pouvoir à un tiers de faire ce qu'il est juridiquement impossible que je fasse moi-même. On n'a pas le droit de déguiser ainsi des contrats sous des noms qui leur sont complétement étrangers. Ce qui se passe ici est bien net: promesse de prêt d'un côté : de l'autre faculté d'emprunter, et non obligation: — puis, le jour où les avances ont lieu, prêt d'un côté, emprunt de l'autre.

Aussi sommes-nous forcés de conclure, pour la satisfaction des principes, contre le système de la jurisprudence. L'esprit se refuse à concevoir l'hypothèque autrement que comme l'accessoire d'une créance : il est impossible d'en faire une sorte de pierre d'attente, destinée à garantir des obligations qui n'existent pas encore,

mais qui pourront un jour prendre naissance. Or, jusqu'au jour où des avances réelles ont lieu en vertu du
crédit ouvert, il n'y a pas d'obligation, même conditionnelle, à la charge du crédité. L'effet de l'hypothèque ne
pourrait rétroagir que si la créance elle-même subissait
un effet rétroactif qui reportât son existence à la date de
l'ouverture du crédit. (Merlin, Questions, v° hypothèque,
§ 3, n° 2. — Troplong, n° 78 — Bruxelles, 10 juillet 1817).
Sans doute il résultera de là en fait des conséquences
assez fâcheuses , beaucoup moins de sûreté pour celui
qui donne le crédit, beaucoup plus de possibilités de fraude
pour celui qui le reçoit. On sera forcé de recourir à d'autres combinaisons, et de ménager au prêteur d'autres
garanties. Rien ne l'empêchera de stipuler, dans le contrat d'ouverture de crédit, qu'il ne fera ses diverses avances que moyennant dûe attestation, fournie par l'emprunteur, qu'aucune inscription n'est venue se placer
à la suite de l'inscription originaire : les fonds seront
refusés si cette condition n'est pas remplie. Ces précautions nécessiteront un peu plus d'attention de la part
du donneur de crédit : mais son intérêt ne souffrira pas,
puisqu'il ne fournira les sommes qu'après s'être assuré
de l'efficacité de la garantie. Quant au compte-courant
réciproque, nous avouons qu'il sera impossible d'y
affecter une hypothèque, et qu'il faudra souvent recourir au gage, dont la détention matérielle offre une sûreté
de plus. Il n'est pas toujours aisé de combiner une ins-

titution essentiellement civile comme l'hypothèque avec les opérations commerciales ; nous en voyons ici un exemple. Mais ces difficultés de combinaison, et l'intérêt du négoce, ne peuvent autoriser le jurisconsulte à sacrifier les principes du droit civil, et à faire remonter les effets d'une hypothèque donnée pour sûreté d'une créance à une époque où la créance garantie n'existait pas encore. Il faudra donc attendre, pour appliquer à bon droit le système de la jurisprudence, que le législateur ait consacré ce système. C'est ce qu'il a fait en Belgique (loi du 10 décembre 1851, art. 80). C'est aussi ce qu'il a fait chez nous pour les sociétés de crédit foncier (loi du 10 juin 1853, art. 4).

4. — Voici encore un exemple, et très-frappant, de la difficulté que souvent on éprouve à concilier les principes du droit civil avec ceux du droit commercial. Il s'agit toujours d'une ouverture de crédit pour laquelle une hypothèque a été consentie. En retour des avances qu'il recevait, le crédité a souscrit des effets qu'il a remis au créditeur. Celui-ci les a négociés par un simple endossement, et l'on se demande si cet endossement a pu transporter aux tiers le bénéfice de l'hypothèque. La jurisprudence dit oui (Paris, 6 juin 1850, Pal 50, 2, 480. — Colmar, 30 déc. 1850, Pal. 53, 1, 702. — Metz, 26 janvier 1854, Pal. 54, 1, 196). La plupart des auteurs sont du même avis, par cette raison que, d'après l'article 1692 du Code Napoléon, la cession du principal entraîne

la cession des accessoires (v. notamment Troplong, vente, T. II, n° 906, Marcadé, sur l'article 1692, III). Ici encore, nous serions d'un avis contraire, et sans insister longuement sur une question qui ne touche qu'indirectement à notre matière, il nous semble que l'hypothèque, tout en étant attachée comme accessoire à une créance commerciale, plus facilement transmissible, conserve sa nature propre et ses règles particulières. Il ne faut pas exagérer l'importance de la règle : *accessorium sequitur principale* : elle n'est pas toujours exacte. Ainsi l'on comprend fort bien que l'hypothèque ne puisse survivre à la créance principale, mais on conçoit à merveille que l'hypothèque disparaisse alors que là créance qu'elle garantissait continue à subsister. Il en est de même ici ; la garantie, qui est de droit civil, reste soumise au droit civil, et se transmet conformément à l'article 1690. — On oppose à cela l'article 1692, mais il est bien évident que ce texte n'a en vue que la vente ou cession de créances dont s'occupe le Code Napoléon, et non pas cette cession plus expéditive qui s'opère au moyen de l'endossement. On ne peut invoquer l'article 1692 qu'à la condition de se placer dans le domaine du droit civil, et de se conformer à l'article 1690;—si on répudie ce dernier article, et on en a le droit, on répudie l'autre du même coup (Massé, droit commercial dans ses rapports.... t. IV. n° 2996. — Cass. 12 janvier 1837, Pal. 37, 1, 169).

Lorsque le contrat d'ouverture de crédit a précédé

l'époque où le récepteur de crédit a cessé ses paiements et que l'hypothèque de garantie a été aussi constituée avant cette époque, mais que les versements de fonds ont eu lieu depuis la cessation de paiements de celui qui les reçoit, on ne peut certes pas s'appuyer sur l'article 446 du Code de commerce pour attaquer la validité de l'hypothèque. Que dit en effet cet article ? Que la constitution d'hypothèque sera nulle quand elle aura été faite pour sûreté d'une dette antérieure. Il est curieux de remarquer que l'on accomplit ici précisément l'opération contraire à celle que proscrit l'article 446. L'hypothèque est fournie pour sûreté d'une dette postérieure. Ceci est vrai surtout si l'on admet le système de la jurisprudence, qui lui fait prendre rang de jour de l'inscription. Mais, même dans l'opinion que nous avons admise, et qui n'attribue date à l'hypothèque que du jour des avances, il ne peut être question de l'article 446 puisque du moins l'hypothèque a pris naissance en même temps que la dette, et ne l'a pas suivie. La solution donnée par la cour de Paris en ce sens, et qui est motivée sur l'existence antérieure de l'hypothèque, resterait donc la même, alors qu'on n'admettrait pas, sur la question de date, la théorie de la jurisprudence. (V. Paris 15 janvier 1852. Pal. 52. 1. 334).

Nous retrouvons ici, comme sur tous les autres points de notre travail, les effets importants de la clause sauf encaissement, suspendant la liquidité du solde jusqu'au jour où tous les crédits se sont fixés par la réalisation des effets en échange desquels ils avaient été donnés. Lorsqu'une hypothèque a été donnée pour sûreté d'une ouverture de crédit, et que le crédité a remis au créditeur des effets représentant une partie des avances faites, si ces effets ne sont pas encore échus au moment où le compte s'arrête, le solde n'est que provisoire. Le crédit de celui qui a reçu les traites est réduit du montant de ces traites, mais pourra grossir par la suite, si les traites, restant impayées, donnent lieu à une contrepassation. L'hypothèque donnée en garantie du solde couvrira aussi ce crédit éventuel et supplémentaire, au cas où le récepteur opterait pour la contrepassation. (Douai 7 mai 1846 Pal. 47. 1. 131). Au contraire, si le récepteur préfère ne pas contrepasser, et agir en porteur des traites, l'action qu'il aura à ce titre contre le remettant sera indépendante du compte-courant, et on ne pourra pas y affecter l'hypothèque, quand même la limite de crédit fixée à l'origine serait loin d'être atteinte. Cette considération influera souvent sur les résolutions du récepteur, quand le remettant sera en faillite.

Il peut arriver que l'hypothèque soit constituée, non pas à l'origine, mais pendant la durée du crédit, lorsque le constituant se trouve déjà débiteur. On se demande alors quelle a été l'intention des parties : si elles ont voulu ou non affecter la garantie à la fois à ce qui est déjà dû, et à ce qui le sera plus tard. C'est une question d'appréciation. Si par exemple on n'a pas arrêté le compte au moment de la constitution, et que l'hypothèque ait été donnée pour le solde du compte, les avances antérieures se trouveront couvertes. Si au contraire on a balancé à ce moment, fixé le solde dû, et rouvert le compte sans y porter le solde, il sera très-probable que la garantie n'aura été donnée que pour l'avenir. Une espèce intéressante, et qui soulevait des difficultés de ce genre, s'est présentée il y a peu d'années devant la cour de cassation. On avait constitué une hypothèque, et, à la suite de cette constitution, le demandeur de crédit avait souscrit des billets, en renouvellement d'avances qu'il avait reçues antérieurement à la constitution. On se demandait si l'hypothèque, au moyen de ces renouvellements, couvrait les avances antérieures, auxquelles elle n'avait pas été expressément attachée. La Cour de cassation a décidé l'affirmative: parce qu'on devait considérer ces renouvellements comme de nouveaux versements faits à la suite de la constitution d'hypothèque. (Cass. 2 juin 1863. Dall, 63. 1. 337). Elle a eu raison, parcequ'il ne s'agissait dans l'espèce que d'interpréter l'intention des parties. La solution aurait sans doute été différente s'il s'était agi d'appliquer l'article 446. Il y avait certainement, dans l'espèce, hypothèque consentie pour sûreté d'une dette antérieure, et la disposition prohibitive du Code de commerce serait trop facilement éludée s'il suffisait, pour se soustraire à la nullité, de renouveler les titres des créances antérieures. Dans un cas pareil, et si les parties avaient voulu faire porter l'hypothèque à la fois sur le passé et sur l'avenir, il faudrait annuler la constitution pour ce qui concerne le passé, en vertu de l'article 446, et la maintenir pour le reste, à moins de se trouver sous le coup des nullités de l'article 447.

Le paiement du solde éteint l'hypothèque, et la novation de la créance l'éteint aussi (art. 2180), la novation étant une des formes de l'extinction. Mais il ne faudrait pas considérer comme novation extinctive les simples reports qui se font après les balances périodiques. Cela est évident quand le crédit a été ouvert pour plusieurs années : mais il en est de même quand aucun terme préfix n'a été établi. Ce qui est couvert par l'hypothèque, c'est le solde définitif, celui qui se produit au moment où cessent les relations des parties. Il serait dérisoire de prétendre, au bout des trois premiers mois, que le solde d'alors est garanti par l'hypothèque, et que cette créance s'éteint en étant reportée comme solde à nouveau dans un compte suivant. Nous ne parlons de ceci que pour arriver à une autre conséquence, qui a une certaine importance, et qu'il faut noter. En général, l'inscription d'une hypothèque ne couvre que deux années d'intérêts, plus l'année courante, et de nouvelles inscriptions sont nécessaires pour les autres intérêts qui peuvent se trouver dûs. Mais l'article 2151, qui contient ces dispositions, n'est pas applicable aux crédits ouverts. L'hypothèque

n'est pas donnée alors pour telle ou telle avance particulière : elle est donnée pour un solde, c'est-à-dire pour le
résultat que produiront les relations des parties au bout d'un
certain temps. Ce résultat se composera d'avances en capitaux, et aussi d'intérêts antérieurement échus, confondus
avec le capital de telle manière qu'on ne puisse plus distinguer les uns de l'autre. Aussi l'hypothèque couvrira-
t'elle ces intérêts capitalisés, non comme intérêts, mais
comme capital. L'art, 2151 n'a rien à faire ici, et ne
pourra être appliqué qu'à deux années d'intérêts qui
pourront se trouver dues après la cessation des relations,
quand la créance du solde se sera fixée et aura pris con-
sistance. — Ces raisons sont nettement exprimées dans
un jugement du tribunal de Saint-Pol, confirmé sur appel par la cour de Douai. « Considérant que ces termes :
intérêts pendant deux ans, plus l'année courante, ne
peuvent évidemment pas s'appliquer à des intérêts courus pendant la durée du crédit, puisqu'ils se capitali-
saient tous les six mois, mais qu'ils désignent uniquement les intérêts courus après la fermeture du crédit,
lesquels étaient seuls susceptibles de s'accumuler comme
intérêts, pendant deux ans et plus, en cas de non-paiement, après le compte final. » (V. Douai, 10 février 1853,
l'al. 54, 2, 49, V. dans le même sens Pont. des Priviléges
et hypothèques, n° 1028).

IV — Il reste à dire quelques mots sur la prescription

des diverses actions qui sont relatives au compte-courant.
A cet égard des distinctions doivent être faites.

L'entrée des créances dans le compte-courant est une
véritable novation. Par conséquent toute prescription qui
avait commencé à courir antérieurement à l'entrée en
compte se trouve interrompue par ce fait, et une nouvelle
prescription commence à courir. Souvent aussi il arrive
que la créance novée est soumise à une autre sorte de
prescription après son entrée dans le compte qu'auparavant. Que l'on suppose par exemple une créance de 1,000
fr. résultant d'une lettre de change, et par conséquent
prescriptible par cinq ans. Au bout de quatre ans, cette
créance est portée dans un compte-courant. La prescription qui courait est interrompue, et c'est une nouvelle
prescription qui recommence. Mais de plus cette nouvelle
prescription ne sera pas celle de cinq ans, mais celle de
trente, parceque la novation opérée fait rentrer la créance dans le droit commun (Rouen, 10 novembre 1817,
Palais, à sa date). Ainsi le solde d'un compte-courant sera
prescriptible par trente ans, quand même il ne serait
entré dans le compte que des créances soumises à la prescription quinquennale. On voit par là quel intérêt les
parties peuvent souvent avoir à se demander si telle ou
telle créance est ou non entrée dans le compte-courant.
Si oui, interruption de prescription, et souvent prescription nouvelle plus longue que l'ancienne. Si non, interruption de prescription peut-être, mais dans tous les cas

prescription nouvelle aussi courte que l'ancienne. Il y aura là une question de fait à examiner, d'après les circonstances, d'après les habitudes et les intentions des parties.

Dans les cas où l'on reconnaîtra que la créance est véritablement entrée dans le compte-courant, une prescription nouvelle aura commencé à courir du jour de cette entrée, et cette prescription sera celle de trente ans. Ainsi donc, si rien ne se passe, et que les choses restent entières, trente ans après qu'un article aura été inscrit au compte-courant, aucune répétition ne pourra être exercée à raison de cet article. Mais cette prescription sera interrompue par les arrêtés de compte qui surviendront depuis qu'elle sera commencée. En fixant la situation antérieure, les balances périodiques sont des interruptions aussi formelles et aussi efficaces que possible. Elle produisent cet effet d'après l'article 2248 du Code Napoléon; à une condition pourtant, c'est d'avoir été formellement acceptées par celui dont elles constatent la dette. L'envoi qui serait fait par le créancier, et qui resterait suivi du simple silence du débiteur, ne suffirait pas, croyons-nous, pour satisfaire à l'article 2248: c'est l'acceptation, ou du moins la signature du débiteur, mise sur l'extrait envoyé, qui constitue une reconnaissance. Lorsque cette condition a été observée, et c'est ce qui arrive ordinairement, l'interruption est accomplie, et la prescription trentenaire recommence à courir du jour de l'acceptation.

Il faut appliquer les mêmes principes à la créance du solde, quand elle est définitivement fixée. C'est une créance ordinaire, prescriptible par trente ans. Il n'en serait autrement que si on la réglait en valeurs, une fois le compte arrêté. C'est ainsi que l'on procède le plus souvent. Alors les principes particuliers aux lettres de change et aux billets à ordre reprennent leur empire, et la dette est soumise à la prescription quinquennale. Ces résultats n'ont rien de commun avec le compte-courant, et nous ne faisons qu'en donner en passant une indication rapide.

Mais voici une difficulté plus délicate. Nous avons dit que dans certains cas, par analogie de l'article 541 du Code de procédure, un redressement du compte peut être demandé pour erreurs, omissions, faux ou doubles emplois : que, même en dehors de ces hypothèses, les perceptions usuraires peuvent, même après le paiement du solde, faire l'objet d'une réclamation. Par combien de temps et à partir de quand se prescrivent ces actions ?

Prenons d'abord la réclamation qui se fonde sur l'usure Tout le monde s'accorde à reconnaître qu'on ne peut lui appliquer l'article 1304 du Code Napoléon, et qu'elle se prescrit, non par dix ans, mais par trente. Elle ne repose pas en effet sur le dol, sur l'erreur ou sur la violence, ni en général sur un moyen de nullité qui soit contenu dans le Code Napoléon. Elle dérive de la loi de 1807 et de la loi de 1850, et par conséquent elle est soumise à la prescription du droit commun (v. en ce sens

Bourges, 2 juin 1831.—Cass. 16 Janv. 1837. Pal. 37.1. 306.
Troplong, Prescription, n° 132— Chardon, Dol et fraude
n° 544 — Mangin, Action publique, t. II. n° 368). Ainsi,
lorsqu'il y aura eu paiement effectif d'un solde de 5,000 fr.
comprenant 1,000 fr. de perceptions usuraires, ces 1,000
pourront être réclamés pendant trente ans, qui couront,
non pas de l'arrêté de compte, mais du jour du paiement.
La question est loin de se poser toujours avec la même
simplicité. Supposons qu'au moment de faire la balance
le crédit de l'une des parties montait à 5,000 fr., et celui
de l'autre à 5,500 fr. mais que cette dernière somme comprenait pour 1,000 fr. des perceptions usuraires. On fait la
balance, c'est-à-dire la compensation des deux crédits, et à
la suite de cette opération, qui a lieu le 1 juin 1839, l'une
des deux parties reste créancière d'un solde de 500 fr;
Le débiteur paie ces 500 fr. le 15 juin 1839. Puis, le 14
juin 1869, il s'aperçoit qu'il a été victime de perceptions
usuraires, et réclame ce qu'il a payé de trop : c'est-à-dire
1,000 fr. Alors se produit la difficulté. Le créancier répond : vous ne m'avez effectivement versé que 500 fr.:
quant aux 500 autres francs de perceptions usuraires, je
n'ai pas à vous les rendre, pour deux motifs: 1° ils ont
servi à compenser une créance que vous aviez contre
moi. Sans les 1,000 fr. de perceptions abusives, vous
auriez été mon créancier par compte-courant: or cette
créance serait aujourd'hui prescrite: 2° en considérant la
compensation du 1 juin 1839 comme un paiement fait

par vous, ce paiement est vieux de plus de trente ans.
et vous ne pouvez le répéter. En vertu de ces raisons,
qui sont des plus sérieuses, le débiteur ne pourrait, dans
l'espèce, obtenir que les 500 fr. effectivement versés par
lui. Mais s'il exerce sa réclamation à temps pour être encore dans le délai de trente ans à partir du règlement,
rien ne l'empêchera de faire redresser le compte, et d'obtenir satisfaction, non pas pour 500 fr. mais pour 1,000.
Le redressement l'amènera ainsi, tantôt à augmenter sa
créance, tantôt à répéter ce qu'il aura indûment payé,
tantôt à le constituer créancier au lieu de débiteur.
Toutes les fois que le résultat sera une répétition d'écus
payés, il aura trente ans à partir du paiement ; mais
quand le résultat devra être de le constituer créancier
du solde, il aura trente ans à partir du règlement de
compte ; alors ce règlement sera l'unique point de
départ possible.

Venons maintenant aux demandes en redressement
proprement dites, à celles qui dérivent, sinon directement, du moins par analogie, de l'article 541 du Code
de procédure. Sont elles prescriptibles par dix ans, ou
par trente? Cette question, qui n'a jamais été agitée
pour les comptes-courants, s'est présentée à diverses
reprises pour les comptes de tutelle. On pouvait alors
invoquer pour la prescription décennale deux ordres
d'arguments: les uns tirés de l'article 475 du Code Napoléon; les autres dérivant de l'article 1304. Dans la matière

des comptes-courants, où l'article 475 n'a que faire, il reste toujours l'article 1304; on peut dire qu'il s'agit ici de réparer des erreurs: car toutes les causes de redressement dont parle l'article 541 peuvent se ramener au terme commun d'erreurs: or l'article 1304 indique une durée limitée aux actions qui ont pour but la répation des erreurs. — Nous ne pensons pas que cette opinion puisse être admise, non plus que celle qui distingue entre les causes de redressement, soumettant à la prescription trentenaire celles qui puisent leurs éléments dans le compte même, et à la prescription décennale celles qui vont les chercher en dehors. Il est vrai que les redressements demandés tendent toujours à obtenir la rectification d'une erreur: mais cette concession faite aux partisans de la prescription décennale est loin d'assurer le triomphe de leur opinion. L'article 1304 parle d'une action en rescision ou en nullité: or on ne poursuit ici ni nullité ni rescision. On n'attaque pas le compte ou la balance en bloc, mais seulement en détail. Ce serait jouer sur les mots que de prétendre qu'on poursuit ainsi une rescision partielle; il ne s'agit pas d'une rescision, mais d'un redressement. La loi pouvait avoir intérêt à ce que le sort d'un contrat ne fût pas mis en suspens après vingt ou trente ans: il n'en était pas de même pour un simple redressement, et comme nous ne sommes plus dans les termes de l'article 1304, il faut bien revenir à la prescription trentenaire qui est celle du droit commun. Mais il est fort probable d'un autre côté que ces trente ans commencent à courir, non pas du jour où l'erreur est découverte, mais du jour où le compte est accepté. Puisque l'on repousse l'article 1304, on ne peut en appliquer ici les dispositions exceptionnelles: le point de départ spécial de l'article 1304 n'a d'ailleurs été établi que parceque le délai donné par cet article était beaucoup plus court que le délai ordinaire. Comme nous revenons à la prescription commune, cette raison particulière disparaît.

Aux termes de l'article 2277 du Code Napoléon, les intérêts se prescrivent par cinq ans. Comment ét dans quelle mesure cette règle s'applique-t-elle aux comptes-courants? Il n'est pas douteux d'abord que, le solde une fois fixé, les intérêts de ce solde, qui courent de plein droit, se prescrivent par cinq ans. Il s'agit là d'une créance ordinaire, et la règle générale s'y applique sans la moindre difficulté. Mais il n'en n'est pas de même des intérêts qui courent pendant la durée du compte. Une jurisprudence qui paraît fixée définitivement décide que la prescription ne peut être invoquée, en ce qui concerne les intérêts, qu'à partir de l'arrêté définitif du compte. (Cass. 12 déc. 1838. Pal. 39. 1. 495 — Lyon, 20 novembre 1857. Pal. 58. 846). Il est impossible d'approuver cette solution, dont les motifs sont loin d'être nets. Le Code n'a rangé nulle part l'existence d'un compte-

courant parmi les causes qui empêchent la prescription.
Il est bien certain qu'il se passe dans les comptes-courants quelque chose de particulier, en ce qui concerne
les intérêts. Par chaque balance périodique, ils se trouvent convertis en capital. Cette conversion opérée, ils
cessent d'être prescriptibles par cinq ans. Si c'est là ce
que les arrêts précités ont voulu dire, ils ont eu raison
et nous n'entendons en aucune façon les critiquer.

Mais quand on pose en principe que la prescription
quinquennale des intérêts n'est pas applicable dans les
comptes-courants, on semble dire que les intérêts ne sont
pas prescriptibles par cinq ans, même quand ils ne sont
pas convertis en capital; et c'est là ce qui est inadmissible. La capitalisation par les balances périodiques ne
s'opère qu'autant que les arrêtés sont effectifs, et commu-
niqués par une partie à l'autre: c'est du moins l'opinion
commune. Si cette condition n'a pas été remplie, les
intérêts restent intérêts, et qui empêche alors qu'ils se
prescrivent, s'ils ne sont pas réclamés pendant le délai de
l'article 2277 ? C'est ainsi, et ainsi seulement, que la
question doit se poser, et c'est alors seulement qu'on
peut voir si l'article 2277 est applicable ou non aux comptes-
courants. Or pourquoi ne le serait-il pas ? où seraient
les raisons de décider le contraire ? Le compte-courant a
sans doute sa nature particulière, que nous avons eu
maintes fois occasion de signaler, mais s'il a été suspendu pendant cinq ans, on ne peut se prévaloir de ses

règles pour empêcher la prescription quinquennale. Tout se réduit à savoir si ce sont, oui ou non, des intérêts qui étaient dûs : ceci est une question de fait; nous supposons qu'elle est résolue, et qu'il n'y a pas eu de capitalisation. Dès lors l'article 2277 ne peut être écarté. — Les motifs que nous trouvons dans les deux arrêts de la Cour de cassation et de la Cour de Lyon tranchent la difficulté par une simple affirmation peu expliquée. Ainsi la dernière Cour nous dit : « attendu que le compte entre Côte et Tricaud étant reconnu comme un compte-courant, la prescription ne peut être invoquée quant aux intérêts, puisque les intérêts sont de l'essence même du compte-courant. » Cette raison est peu fondée en fait et insuffisante en droit. Les intérêts ne sont pas de l'essence du compte-courant, puisqu'on peut fort bien convenir d'un compte-courant sans intérêts D'ailleurs, fûssent-ils essentiels, ils n'en seraient pas moins prescriptibles. Le prix est de l'essence de la vente, ce qui n'empêche pas la créance d'un prix de vente d'être prescriptible, et souvent à fort bref délai (Art. 2272 Cod. Nap.)—L'arrêt de cassation n'est pas plus explicite. Comme nous ne trouvons pas dans les recueils d'arrêts l'indication exacte des deux espèces, nous pouvons penser qu'il s'agissait d'intérêts capitalisés d'un consentement commun, et soustraits ainsi a l'application de l'article 2277. Mais, hors de ce cas, nous persistons à penser que cet article conserve son empire, qu'il s'agisse de comptes-courants ou d'autres contrats, et que les intérêts échus ne peuvent plus être réclamés, même avant le règlement définitif du compte, lorsque pendant cinq ans ils n'ont été, ni réclamés, ni convertis en capital.

POSITIONS

DROIT ROMAIN.

I. Les argentarii formaient une corporation investie
d'un caractère public: les nummularii et les mensarii faisaient les mêmes opérations, mais sans être investis du
même caractère.

II. La loi 27 princ. de Pactis ne prouve pas qu'il ait existé
entre les argentarii socii une solidarité de plein droit, cette
loi s'explique aussi bien en supposant que, dans l'espèce
dont parle le jurisconsulte, la solidarité résulte de l'expensilatio.

III. Le § 3 du titre de pignoribus, dans les Sentences
de Paul (Livre II. Titre V) s'appliquait uniquement, dans
la pensée de son auteur, à la compensation spéciale des
argentarii.

IV. La compensation des argentarii n'était pas une
cause d'extinction des deux dettes.

V. L'argentarius qui fait mal la compensation et demande un reliquat trop considérable n'est déchu que
jusqu'à concurrence de ce reliquat et conserve le reste de
sa créance avec la possibilité d'invoquer contre son

client, si celui-ci agit à son tour, la compensation du droit commun.

VI. Lorsqu'un argentarius s'obligeait par le receptum dans l'intérêt d'un de ses clients, l'obligation principale continuait d'exister.

VII. On peut concilier la loi 7 Depositi avec la loi 24 § 2 de Rebus auctoritate judicis possidendis vel vendundis, en supposant que dans le premier texte il s'agit d'un banquier qui a usé de dol vis-à-vis des déposants, et qu'il s'agit d'une simple faillite dans le second.

DROIT CIVIL FRANÇAIS

I. L'hypothèque constituée pour sûreté d'un crédit ouvert ne prend rang, pour chaque avance partielle, que du jour où cette avance a été faite.

II. L'hypothèque qui garantit le paiement d'un effet de commerce ne se transmet pas par le simple endossement de l'effet.

III. La reconnaissance d'un enfant naturel, faite par testament authentique, est révocable comme le testament qui la contient.

IV. Les règles de la compensation ne sont pas applicables aux comptes courants.

V. Les donations déguisées sous la forme d'un contrat à titre onéreux sont nulles.

VI. Lorsque la rescision d'une vente d'immeubles pour

lésion de plus des sept douzièmes est demandée, les juges ne peuvent pas prononcer la rescision de plano, et doivent ordonner une expertise, quand même ils trouveraient la lésion déjà suffisamment établie.

DROIT COMMERCIAL.

I. Quand le prix d'une vente faite par le commissionnaire a été passé en compte-courant entre le commissionnaire et le commettant, celui-ci ne peut plus, en cas de faillite du commissionnaire, réclamer le prix à l'acheteur, quand même celui-ci n'aurait pas encore payé.

II. Les remises faites en compte-courant n'ont pas le caractère de paiements.

III. La clause sauf encaissement doit être sous-entendue dans les comptes-courants; — mais au profit du récepteur des effets seulement. — Elle peut-être invoquée quand même le récepteur aurait escompté l'effet au remettant.

IV. Le récepteur qui a endossé l'effet à un tiers, et qui veut ensuite invoquer la clause sauf encaissement, ne peut le faire qu'à condition de restituer au remettant tout ce que celui-ci a eu à payer au tiers porteur.

V. Le récepteur qui a poursuivi d'abord un souscripteur précédent, et qui veut ensuite invoquer la clause sauf encaissement, ne peut le faire qu'à condition de restituer au remettant ce que lui-même a reçu du souscripteur.

VI. La capitalisation des intérêts à intervalles moindres d'une année est illégale, même dans les comptes-courants.

VII. Le droit de commission ne peut être perçu sur de simples reports de solde, ni sur des renouvellements d'effets.

VIII. Les juges ne peuvent accorder de terme de grâce pour le paiement d'un reliquat de compte-courant.

PROCÉDURE CIVILE.

I. Lorsqu'une créance a été passée en compte-courant, une novation se produit, et la compétence spéciale, qui pouvait exister relativement à cette créance par application de l'article 420 du Code de procédure, ne peut être invoquée par celui qui demande le paiement du solde du compte courant.

II. L'action en redressement de compte admise par l'article 541 du Code de procédure se prescrit par trente ans.

DROIT ADMINISTRATIF.

I. L'article 815 du Code Napoléon est applicable

aux biens indivis entre communes ou sections de commune.

II. Un propriétaire n'a pas le droit de renoncer par
contrat à la faculté de demander le cantonnement dans
l'avenir.

DROIT CRIMINEL.

I. La prescription du délit d'habitude d'usure ne court
que du jour du dernier fait usuraire, sauf le cas où le
dernier fait est séparé du précédent par un intervalle de
plus de trois ans.

II. L'immunité de l'article 380 du Code pénal ne profite
pas au complice.

III. L'action publique est suspendue, dans le cas de
l'article 327 du Code Napoléon, même lorsqu'aucune
action n'est intentée devant la juriction civile.

HISTOIRE. ANCIEN DROIT.

I. Les effets et l'énergie de la maxime: *creditur virgini
parturienti* s'étaient fort affaiblis du seizième au dix-hui-
tième siècle, et la pratique tendait à revenir aux règles
ordinaires de la preuve de la filiation, en abandonnant le
présomption légale.

II. Les rentes viagères étaient généralement considérées comme immeubles sous l'empire des coutumes qui déclaraient immeubles les rentes constituées.

III. C'est plutôt dans l'organisation du Bas-Empire que dans des traditions germaniques qu'il faut chercher l'origine des corps de métier du moyen-âge.

DROIT DES GENS.

I. Les crimes ou délits commis entre étrangers sur un navire de guerre étranger échappent à la juridiction française, quand même ils ont été commis dans les eaux françaises. Il en serait autrement s'ils avaient été commis sur un navire de commerce.

II. Les jugements rendus entre nos nationaux par les tribunaux étrangers dans des endroits où nos consuls ont un droit de juridiction obligatoire entre nos nationaux, ne sont cependant pas nuls. La seule sanction est dans l'amende établie par l'édit de 1778.

Vu par le Président de la Thèse,

RATAUD.

Vu par le Doyen,

G. COLMET DAAGE.

*Vu et permis d'imprimer, le Vice Recteur
de l'Académie de Paris,*

A. MOURIER.

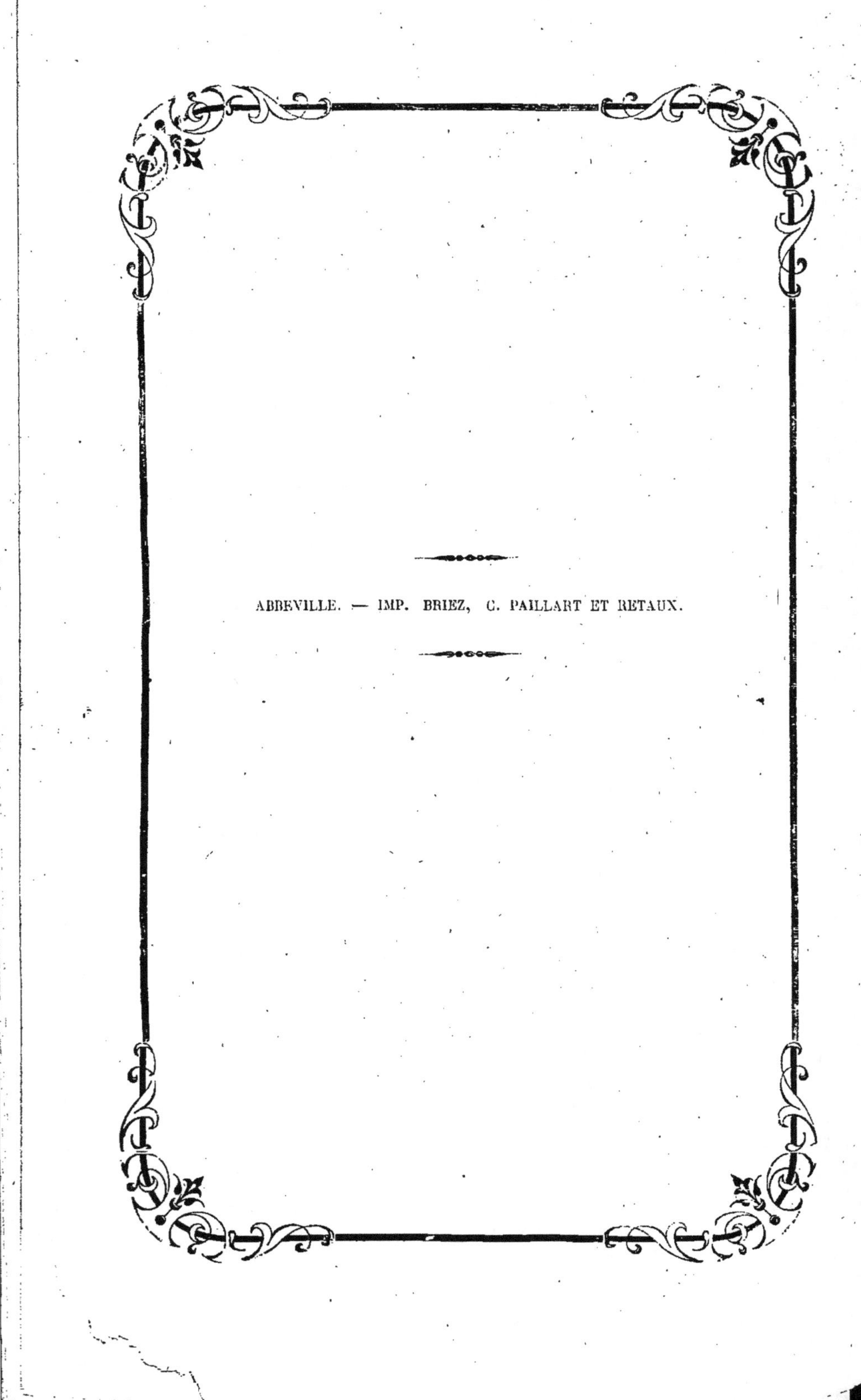

ABBEVILLE. — IMP. BRIEZ, C. PAILLART ET RETAUX.

9 782014 033694